ॐ

RUDRA PUJA Mantras

Read Aloud Pocketbook

Compiled and Edited

SADHVI HEMSWAROOPA

Ashwini Kumar Aggarwal

जय गुरुदेव

ॐ

© 2017, Devotees of Sri Sri Ravi Shankar Ashram

ISBN13: 978-93-5268-734-3 Paperback Edition
This work is licensed under a Creative Commons Attribution 4.0 International License. To view a copy of this license, please visit
https://creativecommons.org/licenses/by/4.0/

Author: **Ashwini Kumar Aggarwal**
Title: **Rudra Puja Mantras**

Printed and Published by
Devotees of Sri Sri Ravi Shankar Ashram
The Art of Living Centre
147 Punjabi Bagh, Patiala 147001
Punjab, India

Website advaita56.weebly.com

5th May 2017 Friday, Dashami
Saka Samvat 1939 Hemalambi, Vikram Samvat 2074 Sadharana

1st Edition May 2017
जय गुरुदेव

Dedication

Sri Sri Ravi Shankar
> the Shiva in our Life

Blessing

Honouring is a sign of divine love. That is called Puja. The ceremony indicates what nature is already doing for you. The Divine worships you in so many forms. In Puja you offer everything back to the Divine. Each one is supposed to light one lamp. When everyone is enlightened by the glory of their own lamp, the whole environment becomes full of light dispelling the darkness of ignorance. Honouring leads to devotion. Surrender happens. Surrender to the Divine brings total rest from all anxieties, from all wants.

> H H Sri Sri Ravi Shankar

Rudra Puja Mantras

South Indian Tradition from Krishna Yajurveda Taittiriya Samhita

Lists the Verses as they are to be Read Aloud, with appropriate spelling changes for Visarga, Anusvara, etc., using correct rules of Sanskrit grammar.

अथ रुद्र पूजा पारायणम्

Prayer

ॐ श्री गुरुभ्यो नमः । हरिः ॐ ॥

ॐ गणानां त्वा गणपतिꣳ हवामहे कविं कवीनाम्

उपमश्रवस्तमम् । ज्येष्ठराजं ब्रह्मणां ब्रह्मणस्पत आ नः

शृण्वन्नूतिभिस्सीद सादनम् ॥

ॐ महागणपतये नमः । प्रणो देवी सरस्वती वाजे

भिर्वाजिनीवती । धीनामवित्र्यवतु । वाग्देव्यै नमः ॥

ॐ शान्तिः शान्तिः शान्तिः ॥

Contents

BLESSING **3**

PRAYER **4**

Pavamaana Suktam - Purification 7

Sankalpam सङ्कल्पम् 12

Pancamrit Snanam पञ्चामृताभिषेकं............ 19

GANAPATI ATHARVASHIRSHA 23

LAGHU NYASA लघुन्यासः **..................27**

NAMAKAM श्री रुद्रप्रश्नः ॥ नमकम्........33

Addendum.. 42

CHAMAKAM चमकप्रश्नः 43

Durga Suktam दुर्गा सूक्तम् 49

Samana Suktam संवादसूक्तम् 50

Pardon Shlokas 51

5

ALANKARA & AARTI AFTER ABHISHEKA 53

   Aarti 61

   Purusha Suktam पुरुषसूक्तम् 70

   Sri Suktam श्रीसूक्तम् 73

   Linga Ashtakam लिङ्गाष्टकम् 76

EPILOGUE 78

Initial Mantras

आचमनम् sip water thrice ॐ केशवाय नमः ॐ अच्युताय नमः ॐ अनन्ताय नमः ।

प्राणायामः Pranayama with attention on the chakras ॐ भूः ॐ भुवः ॐ सुवः ॐ महः ॐ जनः ॐ तपः ॐ सत्यम् । ॐ तत् सवितुर् वरेण्यं भर्गो देवस्य धीमहि धियो यो नः प्रचोदयात् ॥

Pavamaana Suktam - Purification

ॐ पवमानस् सुवर्जनः । पवित्रेण विचर्षणिः । यः पोता स पुनातु मा ॥५॥ पुनन्तु मा देवजनाः । पुनन्तु मनवो धिया । पुनन्तु विश्व आयवः ॥६॥ जातवेदः पवित्रवत् । पवित्रेण पुनाहि मा । शुक्रेण देवदीद्यत् । अग्ने कृत्वा क्रतूꣳ रनु ॥७॥ यत्ते पवित्रम् अर्चिषि । अग्ने विततमन्तरा । ब्रह्म तेन पुनीमहे ॥८॥ उभाभ्यां देवसवितः । पवित्रेण सवेन च । इदं ब्रह्म पुनीमहे ॥९॥ वैश्वदेवी पुनती देव्यागात् । यस्यै बह्वीस् तनुवो वीतपृष्ठाः । तया मदन्तस् सधमाद् येषु । वयꣳ स्याम

पतयो रयीणाम् ॥१०॥ वैश्वानरो रश्मिभिर् मा पुनातु
। वातः प्राणेनेषिरो मयो भूः । द्यावापृथिवी पयसा
पयोभिः । ऋतावरी यज्ञिये मा पुनीताम् ॥११॥
बृहद्भिस् सवितस्तृभिः । वर्षिष्ठैर् देवमन्मभिः । अग्ने
दक्षैः पुनाहि मा ॥१२॥ येन देवा अपुनत । येनापो
दिव्यंकशः । तेन दिव्येन ब्रह्मणा । इदं ब्रह्म पुनीमहे
॥१३॥ यः पावमानीर् अद्ध्येति । ऋषिभिस् संभृतꣳ
रसम् । सर्वꣳ स पूतम् अश्नाति । स्वदितं मातरिश्वना
॥१४॥ पावमानीर् यो अध्येति । ऋषिभिस् संभृतꣳ
रसम् । तस्मै सरस्वती दुहे । क्षीरꣳ सर्पिर् मधूदकम्
॥१५॥ पावमानीस् स्वस्त्ययनीः । सुदुघाहि
पयस्वतीः । ऋषिभिस् संभृतो रसः । ब्राह्मणेष्वमृतꣳ
हितम् ॥१६॥ पावमानीर् दिशन्तु नः । इमं लोकम्
अथो अमुम् । कामान्-थ्समर्धयन्तु नः । देवीर् देवैस्
समाभृताः ॥१७॥ पावमानीस् स्वस्त्ययनीः । सुदुघाहि
घृतश्चुतः । ऋषिभिस् संभृतो रसः । ब्राह्मणेषु अमृतꣳ
हितम् ॥१८॥ येन देवाः पवित्रेण । आत्मानं पुनते
सदा । तेन सहस्रधारेण । पावमान्यः पुनन्तु मा

॥१९॥ प्राजापत्यं पवित्रम् । शतोद्यामꣳ हिरण्मयम् । तेन ब्रह्म विदो वयम् । पूतं ब्रह्म पुनीमहे ॥२०॥ इन्द्रस् सुनीती सहमा पुनातु । सोमस् स्वस्त्या वरुणस् समीच्या । यमो राजा प्रमृणाभिः पुनातु मा । जातवेदा मोर् जयन्त्या पुनातु ॥२१॥ भूर्भुवस्सुवः ॥

ॐ तच्छं योरावृणीमहे । गातुं यज्ञाय । गातुं यज्ञपतये । दैवीस् स्वस्तिर् अस्तु नः । स्वस्तिर् मानुषेभ्यः । ऊर्ध्वं जिगातु भेषजम् । शन्नो अस्तु द्विपदे । शं चतुष्पदे । ॐ शान्तिश् शान्तिश् शान्तिः ॥

Ghanta Puja घण्टानादम्

नाद-शब्द-महिं घण्टां सर्व विघ्नो प्रहारिणीम् । पूजये सर्व मन्त्रेण देवस्य प्रीति कारणात् ॥ आगमार्थं तु देवानां गमनार्थं तु रक्षसाम् । आदौ घण्टारवं नित्यम् देवता आह्वान लाञ्छनम् ॥

॥ अथ भू-शुद्धिः ॥

विष्णु-शक्ति-समुत्पन्ने शङ्खवर्णे महीतले । अनेक-रत्न-सम्पन्ने भूमि-देवी नमोस्तुते ॥

॥ अथ आसन-शुद्धिः ॥

पृथ्वि त्वया धृता लोका देवित्वं विष्णुना धृता । त्वं च धारय मां देवि पवित्रं कुरु चासनं ॥

॥ Invoking Bhairava भैरव प्रार्थना ॥

तीक्ष्ण दंष्ट्र महाकाय कल्पान्त दहनोपम । भैरवाय नमस्तुभ्यं अनुज्ञां दातुमर्हसि ॥

॥ अथ विन्यासः ॥

श्रीगणेश-द्वादश-नाम-स्तोत्रम्

सुमुखश्चैकदन्तश्च कपिलो गजकर्णकः । लम्बोदरश्च विकटो विघ्ननाशो विनायकः । धूम्रकेतुर्गणाध्यक्षो भालचन्द्रो गजाननः । द्वादशैतानि नामानि यः पठेच्छृणुयादपि ॥ विद्यारम्भे विवाहे च प्रवेशे निर्गमे तथा । सङ्ग्रामे सङ्कटे चैव विघ्नस् तस्य न जायते ॥ विद्यार्थी लभते विद्यां धनार्थी विपुलं धनम् । इष्टकामं तु कामार्थी धर्मार्थी मोक्षमक्षयम् ॥

Mangalacharanam

शुक्लाम्बरधरं विष्णुं शशिवर्णं चतुर्भुजम् । प्रसन्नवदनं ध्यायेत् सर्वविघ्नोपशान्तये ॥ तदेव लग्नं सुदिनं तदेव ताराबलं चंद्रबलं तदेव । विद्याबलं दैवबलं तदेव लक्ष्मीपतेः ते अङ्घ्रियुगं स्मरामि ॥

ॐ श्री लक्ष्मी-नारायणाभ्यां नमः । ॐ श्री उमा-महेश्वराभ्यां नमः । ॐ श्री वाणी-हिरण्यगर्भाभ्यां नमः । ॐ श्री सीता-रामाभ्यां नमः । ॐ श्री शची-पुरन्दराभ्यां नमः । ॐ श्री अरुणधति-वशिष्टाभ्यां नमः । ॐ दुर्गायै नमः । ॐ गणपतये नमः । ॐ क्षेत्रपालाय नमः । ॐ वास्तुपुरुषाय नमः । ॐ मातृभ्यो नमः । ॐ पितृभ्यो नमः । ॐ गुरुभ्यो नमः । ॐ आचार्येभ्यो नमः । ॐ इष्टदेवताभ्यो नमः । ॐ कुलदेवताभ्यो नमः । ॐ ग्रामादिदेवताभ्यो नमः । ॐ सर्वेभ्यो देवेभ्यो नमः । ॐ सर्वाभ्यो देवताभ्यो नमः । ॐ सर्वेभ्यो ब्राह्मणेभ्यो नमः । ॐ श्रीमद् भगवत् बौद्धायन-आचार्येभ्यो नमः ।

<u>अविघ्नमस्तु</u> वक्रतुण्ड महाकाय सूर्यकोटिसमप्रभ । निर्विघ्नं कुरु मे देव सर्वकार्येषु सर्वदा ॥

Sankalpam सङ्कल्पम्

प्रारम्भ-काल-सुमुहूर्तमस्तु

ॐ विष्णुः विष्णुः विष्णोराज्ञया प्रवर्तमानस्य अद्य ब्रह्मणः द्वितीय प्रहरार्द्धे श्री श्वेत-वराह-कल्पे वैवस्वत-मन्वन्तरे कलियुगे अष्टाविंशति-तमे तत् प्रथम-पादे जम्बू-द्वीपे भरत-खण्डे भारत-वर्षे महामेरोः [पश्चिमे] दिग्भागे [दक्षिणे] पार्श्वे [श्रीमद् शतद्रोः सतलुज] नदी-तीरे बौद्धावतारे राम-क्षेत्रे [पंजाब] प्रदेशे [लुधियाना]-पुण्य नगर्यां दण्डकारण्ये अस्मिन् वर्तमानकाले व्यवहारिके प्रभवादि षष्ट्यां संवत्सराणां मध्ये [सौम्य]-नाम संवत्सरे [दक्षिण]-आयने [शरद]-ऋतौ [कार्तिक]-मासे [शुक्ले]-पक्षे अद्य [पूर्णिमा]-शुभतिथौ वासरः वासरस्तु [सोम]-वासरे वासरयुक्तायां [भारिणी]-नक्षत्र-युक्तायां शुभयोग शुभकरण एवं गुण विशेषेण विशिष्टायां पुण्यायां पुण्यकाले महापुण्य शुभतिथौ – [सिङ्घल]-गोत्रोद्-भवानां [पुनर्वसु]-नक्षत्रे [कर्क]-राशौ

जातानां [your name]- श्री वेद विज्ञान महाविद्यापीठे विराजमानानां श्री श्री गुरुणां तथा आश्रमे आगामितानां सर्वेषां भक्त-महाजनानां अस्माकं सहकुटुम्बानां बन्धुजनवर्गस्य -

क्षेम, स्थैर्य-वीर्य-विजय-आयुः, आयुष्य आरोग्य, ऐश्वर्याणाम् अभिवृद्धिः अर्थं, देशविदेशेषु सनातन धर्म प्रचार कार्येषु यशोलाभ प्राप्त्यर्थं, समस्त-मङ्गल-अवाप्ति-अर्थं, अलक्ष्मी निवार्णार्थं, अष्टलक्ष्मी स्थैर्यता सिद्धि-अर्थं , समस्त-दुरित-उपशान्ति-अर्थं, इष्ट-काम्यर्थ-सिद्धि-अर्थं, धर्म-अर्थ-काम-मोक्ष चतुर्विधफल पुरुषार्थ-सिद्धि-अर्थं, श्री सूर्य-गणपत्यम्बिका-शिव-विष्णु-देवता प्रीति-अर्थं , प्रसादेन सर्वारिष्ट शान्ति-अर्थं, सर्वान्-अनुकूलता सिद्ध्यर्थं, सर्वमनोरथ अवाप्ति-अर्थं, श्रेयोभिः अभिवृद्धि-अर्थं, समस्तपापक्षयपूर्वकं महा पुण्यकाले - पञ्चामृताभिषेकं श्रीरुद्राभिषेक-पूजनं श्रीसाम्बसदाशिव-षोडशोपचार-पूजा-आराधनं च करिष्ये ।

आदौ निर्विघ्नता सिद्ध्यर्थं श्रीमहागणपतिं पूजां करिष्ये । ॐ गणानां त्वा गणपतिꣳ हवामहे कविं कवीनाम् उपमश्रवस्तमम् । ज्येष्ठराजं ब्रह्मणां ब्रह्मणस्पत आ नश् शृण्वन्नूतिभिस् सीद सादनम् ॥ वक्रतुण्ड महाकाय सूर्यकोटी समप्रभ । निर्विघ्नं कुरु मे देव सर्वकार्येषु सर्वदा ॥

Kalasha Puja अथ कलशार्चनम्

कलशस्य मुखे विष्णुः कण्ठे रुद्रस् समाश्रितः । मूले तत्र स्थितो ब्रह्मा मध्ये मातृगणास् स्मृताः ॥ कुक्षौ तु सागरास् सर्वे सप्तद्वीपा वसुन्धरा । ऋग्वेदोऽथ यजुर्वेदस् सामवेदो ह्यथर्वणः ॥ अङ्गैश्च सहितास् सर्वे कलशं तु समाश्रिताः । अत्र गायत्री सावित्री शान्तिः पुष्टिकरी तथा ॥ आयान्तु देवपूजार्थं दुरितक्षयकारकाः । सर्वे समुद्रास् सरितस् तीर्थानि जलदा नदाः ॥ गङ्गे च यमुने चैव गोदावरि सरस्वति । नर्मदे सिन्धु कावेरि जलेऽस्मिन् सन्निधिं कुरु ॥

Shankh Puja अथ शङ्खार्चनम्

व्यापक मण्डलाय नमः ।

ॐ वं वह्नि-मण्डलाय धर्मप्रद दश-कलात्मने नमः ।

ॐ अं अर्क-मण्डलाय अर्थप्रद द्वादश-कलात्मने नमः ।

प्रणवेन ॐ इति जलम् आपूर्य ।

ॐ मं सोम-मण्डलाय कामप्रद षोडश कलात्मने नमः ।

Mudras Display मुद्रां प्रदर्श्यः

चक्र मुद्रया संरक्ष्य । सुरभि मुद्रया अमृती कृत्य । तार्क्ष मुद्रया निर्वीषी कृत्य । शङ्ख मुद्रां प्रदर्श्य । ॐ पाञ्चजन्याय वि॒द्महे॑ पद्मगर्भाय॑ धीमहि । तन्नश् शङ्खः॒ प्रचो॒दया॑त् ॥ शङ्ख-देवताभ्यो नमः । सकल पूजार्थे अक्षतान् समर्पयामि ।

Sprinkling Water

शङ्खोदकेन पूजाद्रव्याणि प्रोक्ष्य, पूजोपकरणं संप्रोक्ष्य, देवस्य मूर्तिः अस्मिन् प्रोक्ष्य, आत्मानं च प्रोक्ष्य । शङ्खमध्ये स्थितं तोयं भ्रामितं केशवोपरि । अङ्गलग्नं

मनुष्याणां ब्रह्महत्यायुतं दहेत् ॥ पुनः शङ्खे जलम् पूरयित्वा देवस्य दक्षिणदिग्भागे स्थापयेत् ॥

One becomes Shiva अथ आत्मार्चनम्

यो वेदादौ स्वरः प्रोक्तो वेदान्ते च प्रतिष्ठितः । तस्य प्रकृतिलीनस्य यः परस् स महेश्वरः ॥ तस्याः शिखाया मध्ये परमात्मा व्यवस्थितः । स ब्रह्म स शिवस् स हरिस् स इन्द्रस् सोऽक्षरः परमस् स्वराट् ॥

Invoking the 14 lokas

ॐ अतलाय नमः । ॐ वितलाय नमः ।ॐ सुतलाय नमः । ॐ तलातलाय नमः । ॐ रसातलाय नमः । ॐ महातलाय नमः । ॐ पातालाय नमः । ॐ भूर्लोकाय नमः । ॐ भुवर्लोकाय नमः । ॐ स्वर्लोकाय नमः । ॐ महर्लोकाय नमः । ॐ जनोलोकाय नमः । ॐ तपोलोकाय नमः । ॐ सत्यलोकाय नमः ॥ ॐ चतुर्दशभुवनाधीश्वराय नमः ॥ ॐ उत्तरतः चण्डेश्वराय

नमः । सर्वस्य देवता नमः । इति विसर्जयेत् ।
इत्यात्मार्चनम् ।

Invoking the Yonis अथ मण्टपार्चनम्

ॐ यक्षेभ्यो नमः । ॐ रक्षेभ्यो नमः । ॐ अप्सरेभ्यो नमः । ॐ गन्धर्वेभ्यो नमः । ॐ किन्नरेभ्यो नमः । ॐ गोभ्यो नमः । ॐ देव-मातृभ्यो नमः । ॐ मण्टपाश्रितदेवताभ्यो नमः। जल गन्धाद्युपचार पूजां समर्पयामि ॥

Dvarpal Puja अथ द्वारपाल-पूजां करिष्ये

ॐ पूर्वद्वारे द्वारश्रियै नमः । धात्रे नमः । विधात्रे नमः । ॐ दक्षिणद्वारे द्वारश्रियै नमः । चण्डाय नमः । प्रचण्डाय नमः । ॐ पश्चिमद्वारे द्वारश्रियै नमः । जयाय नमः । विजयाय नमः । ॐ उत्तरद्वारे द्वारश्रियै नमः । शङ्खनिधये नमः । पुष्पनिधये नमः । द्वारपाल पूजां समर्पयामि ॥

5 Devas Puja आवाहनम्

ॐ भास्कराय विद्महे महद्द्युतिकराय धीमहि । तन्नो आदित्यः प्रचोदयात् । श्री सूर्याय नमः । आवाहयामि । स्थापयामि । पूजयामि ॥ ॐ एकदन्ताय विद्महे वक्रतुण्डाय धीमहि । तन्नो दन्तिः प्रचोदयात् । श्रीमन् महागणपतये नमः । आवाहयामि । स्थापयामि । पूजयामि ॥ ॐ कात्यायनाय विद्महे कन्यकुमारि धीमहि । तन्नो दुर्गिः प्रचोदयात् । श्री दुर्गायै नमः । आवाहयामि । स्थापयामि । पूजयामि ॥ ॐ तत्पुरुषाय विद्महे महादेवाय धीमहि । तन्नो रुद्रः प्रचोदयात् । श्रीसाम्बसदाशिवाय नमः । आवाहयामि । स्थापयामि । पूजयामि ॥ ॐ नारायणाय विद्महे वासुदेवाय धीमहि । तन्नो विष्णुः प्रचोदयात् । श्रीमन् महाविष्णवे नमः । आवाहयामि । स्थापयामि । पूजयामि ॥ आह्वयन्त श्रीसूर्य-गणपत्यम्बिका-शिव-विष्णुदेवताभ्यो नमः । ध्यायामि । ध्यानं समर्पयामि ।

<u>आसनम्</u> आवाहयामि । रत्न-सिंहासनं समर्पयामि ।

__पाद्यम्__ पादारविन्दयोः पाद्यं पाद्यं समर्पयामि ।
__अर्घ्यम्__ हस्तयोः अर्घ्यं अर्घ्यं समर्पयामि ।
__आचमनम्__ मुखारविन्दे आचमनीयं आचमनीयं समर्पयामि । सर्वाङ्गेषु स्नानम् ।

Pancamrit Snanam पञ्चामृताभिषेकं

Invoking the pancamrit devatas
पञ्चामृताभिषेकं कर्तुम् पञ्चदेवता-आह्वान-पूजां करिष्ये । ॐ क्षीरेसोमाय नमः । सोमम् आवाहयामि । स्थापयामि । पूजयामि ॥ ॐ दध्निवायवे नमः । वायुम् आवाहयामि । स्थापयामि । पूजयामि ॥ ॐ घृतेरवये नमः । रविम् आवाहयामि । स्थापयामि । पूजयामि ॥ ॐ मधुनिविश्वेभ्यो देवेभ्यो नमः । विश्वान् देवान् आवाहयामि । स्थापयामि । पूजयामि ॥ ॐ शर्करायांसवित्रे नमः । सवितारम् आवाहयामि । स्थापयामि । पूजयामि ॥ आह्वाहित पञ्चद्रव्य देवताभ्यो नमः । जल-गन्धादि पूजां समर्पयामि ॥

Marjanam आदौ मलापकर्ष-स्नानं करिष्ये

ॐ आपो॒ हि ष्ठा म॑यो॒ भुव॒स्तान॑ ऊ॒र्जे द॑धातन । म॒हे रणा॑य॒ चक्ष॑से । यो व॒: शि॑व॒तमो॒ रस॒स्तस्य॑ भाजयते॒ ह॒ न॑: । उ॒श॒तीरि॑व मा॒तर॑: । तस्मा॒ अर॑ङ्ग माम वो॒ यस्य॒ क्षया॑य॒ जिन्व॑थ । आपो॑ ज॒नय॑था च नः ॥ मलापकर्ष-स्नानं समर्पयामि ॥

आदौ क्षीरेण स्ना पयिष्ये Milk

ॐ आप्या॑यस्व॒ समे॑तु ते वि॒श्वत॑स्सोम॒ वृष्णि॑यम् । भवा॒ वाज॑स्य स॒ङ्गथे॑ ॥ क्षीरस्नानं समर्पयामि । क्षीरस्नानानन्तरम् शुद्धोदकेन स्ना पयिष्ये । ॐ स॒द्योजा॒तं प्रप॑द्या॒मि स॒द्योजा॒ताय॒ वै नमो॒ नम॑: । भवे॑ भवे॒ नाति॑भवे भवस्व॒ माम् । भवो॒द्भ॑वाय॒ नम॑: ॥ शुद्धोदकस्नानं समर्पयामि ॥

दध्ना स्ना पयिष्ये Curd

ॐ द॒धि॒क्राव्णो॑ अकारिषं जि॒ष्णोरश्व॑स्य वा॒जिन॑: । सु॒र॒भि नो॒ मुखा॑ कर॒त्प्रण॒ आयूं॑षि तारिषत् ॥ दधिस्नानं

समर्पयामि । ॐ वामदेवाय नमो ज्येष्ठाय नमः श्रेष्ठाय नमो रुद्राय नमः कालाय नमः कलविकरणाय नमो बलविकरणाय नमो बलाय नमो बलप्रमथनाय नमस् सर्वभूतदमनाय नमो मनोन्मनाय नमः ॥ शुद्धोदकस्नानं समर्पयामि ॥

घृतेन स्ना पयिष्ये Ghee

ॐ शुक्रमसि ज्योतिरसि तेजोऽसि देवो वस् सवितोत् पुनात्वच्छिद्रेण पवित्रेण वसोस् सूर्यस्य रश्मिभिः ॥ घृतस्नानं समर्पयामि ॥ ॐ अघोरेभ्योऽथ् अघोरेभ्यो घोरघोरतरेभ्यः । सर्वेभ्यस् सर्वशर्वेभ्यो नमस्ते अस्तु रुद्ररूपेभ्यः ॥ शुद्धोदकस्नानं समर्पयामि ॥

मधुना स्ना पयिष्ये Honey

ॐ मधु वाता ऋतायते मधु क्षरन्ति सिन्धवः । माध्वीर्नस् सन्त्वोषधीः ॥ मधुनक्तमुतोषसि मधुमत्पार्थिवꣳ रजः । मधु द्यौरस्तु नः पिता ॥ मधुमान्नो वनस्पतिर्मधुमाꣳ अस्तु सूर्यः । माध्वीर्गावो भवन्तु नः ॥ मधुस्नानं समर्पयामि । ॐ तत्पुरुषाय

विद्महे॑ महादे॒वाय॑ धीमहि । तन्नो॑ रुद्रः॒ प्रचो॒दया॑त् ॥
शुद्धोदकस्नानं समर्पयामि ॥

शर्करया स्ना पयिष्ये Shakkar

ॐ स्वा॒दुः॑ पवस्व दि॒व्याय॒ जन्म॑ने स्वा॒दुरि॒न्द्रा॑य सु॒हवी॑तु॒ नाम्ने । स्वा॒दुर्मि॒त्राय॒ वरु॑णाय वा॒यवे॒ बृह॒स्पत॑ये॒ मधु॑माः॒ अदा॒भ्यः ॥ शर्करास्नानं समर्पयामि । ॐ ईशान॒स् सर्व॑विद्यानाम् ईश्वरस् सर्व॑भूतानां ब्रह्माधिपतिर् ब्रह्मणोऽधिपतिर् ब्रह्मा शिवो में अस्तु सदा शिवोम् ॥ शुद्धोदकस्नानं समर्पयामि ॥

क्षीरो दधि-घृतं चैव मधु-शर्करान्वितम् । पञ्चामृतं गृहाणेदं जगन्नाथ नमोस्तुते ॥ पञ्चामृताभिषेक-स्नानं समर्पयामि ॥

Ganapati Atharvashirsha

अथ महा-अभिषेके विनियोगः

ॐ भद्रं कर्णेभिश् शृणुयाम देवाः । भद्रं पश्ये माक्षभिर् यजत्राः । स्थिरैरङ्गैस् तुष्टुवाꣳ सस्तनूभिः । व्यशेम देवहितयँ यदायुः । स्वस्ति न इन्द्रो वृद्धश्रवाः । स्वस्ति नः पूषा विश्ववेदाः । स्वस्ति नस्ताक्ष्यों अरिष्टनेमिः । स्वस्ति नो बृहस्पतिर्दधातु ॥ ॐ शान्तिः शान्तिः शान्तिः ॥

ॐ नमस्ते गणपतये । त्वमेव प्रत्यक्षं तत्त्वमसि । त्वमेव केवलं कर्ताऽसि । त्वमेव केवलं धर्ताऽसि । त्वमेव केवलं हर्ताऽसि । त्वमेव सर्वं खल्विदं ब्रह्मासि । त्वं साक्षाद् आत्माऽसि नित्यम् ॥ १ ॥ ऋतं वच्मि । सत्यं वच्मि ॥ २ ॥ अव त्वं माम् । अव वक्तारम् । अव श्रोतारम् । अव दातारम् । अव धातारम् । अवानूचानमव शिष्यम् । अव पश्चात्तात् । अव पुरस्तात् । अवोत्तरात्तात् । अव दक्षिणात्तात् । अव चोर्ध्वात्तात् । अवाधरात्तात् । सर्वतो मां पाहि पाहि

समन्तात् ॥ ३॥ त्वं वाङ्मयस् त्वं चिन्मयः । त्वम्
आनन्दमयस् त्वं ब्रह्ममयः । त्वं
सच्चिदानन्दाऽद्वितीयोऽसि । त्वं प्रत्यक्षं ब्रह्मासि । त्वं
ज्ञानमयो विज्ञानमयोऽसि ॥ ४॥ सर्वं जगदिदं त्वत्तो
जायते । सर्वं जगदिदं त्वत्तस् तिष्ठति । सर्वं जगदिदं
त्वयि लयमेष्यति। सर्वं जगदिदं त्वयि प्रत्येति । त्वं
भूमिरापोऽनलोऽनिलो नभः । त्वं चत्वारि वाक्पदानि ॥
५॥ त्वं गुणत्रयातीतः । त्वम् अवस्थात्रयातीतः । त्वं
देहत्रयातीतः । त्वं कालत्रयातीतः । त्वं
मूलाधारस्थितोऽसि नित्यम् । त्वं शक्तित्रयात्मकः ।
त्वाँ योगिनो ध्यायन्ति नित्यम् । त्वं ब्रह्मा त्वं विष्णुस् त्वं
रुद्रस् त्वं इन्द्रस् त्वं अग्निस् त्वं वायुस् त्वं सूर्यस् त्वं
चंद्रमास् त्वं ब्रह्म भूर्भुवस् सुवरोम् ॥ ६॥ गणादिं
पूर्वमुच्चार्य वर्णादीं स्तदनन्तरम् । अनुस्वारꣳ परतरः ।
अर्धेन्दुलसितम् । तारेण ऋद्धम् । एतत् तव
मनन्नुस्वरूपम् । गकारꣳ पूर्वरूपम् । अकारो
मध्यमरूपम् । अनुस्वारश्चान्त्यरूपम् ।
बिन्दुरुत्तररूपम् । नादस् सन्धानम् । सꣳहिता सन्धिः
। सैषा गणेशविद्या । गणक ऋषिः । निचृद्

गायत्रीच्छन्दः । श्री महागणपतिर् देवता । ॐ गं गणपतये नमः ॥ ७॥ एकदन्ताय विद्महे वक्रतुण्डाय धीमहि । तन्नो दन्तिः प्रचोदयात् ॥ ८॥ एकदन्तं चतुर् हस्तं पाशम् अङ्कुशधारिणम् । रदं च वरदं हस्तैर् बिभ्राणं मूषकध्वजम् । रक्तं लम्बोदरं शूर्पकर्णकं रक्तवाससम् । रक्तगन्धानुलिप्ताङ्गं रक्तपुष्पैस् सुपूजितम् । भक्तानुकम्पिनं देवं जगत् कारणम् अच्युतम् । आविर्भूतं च सृष्ट्यादौ प्रकृतेः पुरुषात्परम् । एवं ध्यायति यो नित्यं स योगी योगिनां वरः ॥ ९॥ नमो व्रातपतये । नमो गणपतये । नमᳶ प्रमथपतये । नमस्ते अस्तु लम्बोदरायैकदन्ताय विघ्नविनाशिने शिवसुताय श्रीवरदमूर्तये नमो नमः ॥ १०॥

फलश्रुति एतद् अथर्वशीर्षं योऽधीते स ब्रह्मभूयाय कल्पते । स सर्वविघ्नैर् न बाध्यते । स सर्वत्र सुखमेधते । स पञ्चमहापापात् प्रमुच्यते । सायम् अधीयानो दिवसकृतं पापं नाशयति । प्रातर् अधीयानो रात्रिकृतं पापं नाशयति । सायं प्रातᳶ प्रयुञ्जानो पापोऽपापो भवति । सर्वत्राधीयानोऽपविघ्नो भवति । धर्मार्थकाममोक्षं च

विन्दति । इदम् अथर्वशीर्षम् अशिष्याय न देयम् । यो यदि मोहाद् दास्यति स पापीयान् भवति । सहस्रावर्तनाद् यँ यं काममधीते तं तमनेन साधयेत् ॥ ११ ॥ अनेन गणपतिम् अभिषिञ्चति स वाग्मी भवति । चतुर्थ्यामन् अश्नन् जपति स विद्यावान् भवति । इत्यथर्वणवाक्यम् । ब्रह्माद्यावरणं विद्यान् न बिभेति कदाचनेति ॥ १२ ॥ यो दूर्वाङ्कुरैर् यजति स वैश्रवणोपमो भवति । यो लाजैर् यजति स यशोवान् भवति । स मेधावान् भवति । यो मोदकसहस्रेण यजति स वाञ्छितफलम् अवाप्नोति । यस् साज्य समिद्भिर् यजति स सर्वँ लभते स सर्वँ लभते ॥ १३ ॥ अष्टौ ब्राह्मणान् सम्यग् ग्राहयित्वा सूर्यवर्चस्वी भवति । सूर्यग्रहे महानद्यां प्रतिमासन्निधौ वा जप्त्वा सिद्धमन्त्रो भवति । महाविघ्नात् प्रमुच्यते । महादोषात् प्रमुच्यते । महापापात् प्रमुच्यते । महाप्रत्यवायात् प्रमुच्यते । स सर्वविद् भवति स सर्वविद् भवति । य एवं वेद । इत्युपनिषत् ॥ १४ ॥

शान्ति मन्त्रः ॐ सह नाववतु । सह नौ भुनक्तु । सह वीर्यं करवावहै । तेजस्विनावधीतमस्तु मा विद्विषावहै ॥ ॐ शान्तिः शान्तिः शान्तिः ॥

Laghu Nyasa लघुन्यासः

अथ आत्मनि देवताः स्थापयेत् । प्रजनने ब्रह्मा तिष्ठतु । पादयोर्विष्णुस् तिष्ठतु । हस्तयोर् हरस् तिष्ठतु । बाह्वोर् इन्द्रस् तिष्ठतु। जठरेऽग्निस् तिष्ठतु । हृदये शिवस् तिष्ठतु । कण्ठे वसवस् तिष्ठन्तु । वक्त्रे सरस्वती तिष्ठतु । नासिक्योर् वायुस् तिष्ठतु । नयनयोश् चन्द्रादित्यौ तिष्ठेताम् । कर्णयोर् अश्विनौ तिष्ठेताम् । ललाटे रुद्रास् तिष्ठन्तु । मूर्ध्न्य आदित्यास् तिष्ठन्तु । शिरसि महादेवस् तिष्ठतु । शिखायां वामदेवस् तिष्ठतु । पृष्ठे पिनाकी तिष्ठतु । पुरतः शूली तिष्ठतु । पार्श्वयोः शिवाशङ्करौ तिष्ठेताम् । सर्वतो वायुस् तिष्ठतु । ततो बहिः सर्वतोऽग्निर् ज्वालामाला-परिवृतस् तिष्ठतु । सर्वेष्वङ्गेषु सर्वा देवता यथास्थानं तिष्ठन्तु । मां रक्षन्तु ॥ अस्माकं सर्वेषाम् रक्षन्तु ।

ॐ अ॒ग्निर्मे॑ वा॒चि श्रि॒तः । वा॒ग्घृद॑ये । हृद॑यं॒ मयि॑ । अ॒हम् अ॒मृते᳚ । अ॒मृतं॑ ब्रह्म॑णि । वा॒युर्मे॑ प्रा॒णे श्रि॒तः । प्रा॒णो हृद॑ये । हृद॑यं॒ मयि॑ । अ॒हम् अ॒मृते᳚ । अ॒मृतं॑ ब्रह्म॑णि । सूर्यो॑ मे॒ चक्षु॑षि श्रि॒तः । चक्षु॒र्हृद॑ये । हृद॑यं॒ मयि॑ । अ॒हम् अ॒मृते᳚ । अ॒मृतं॑ ब्रह्म॑णि । च॒न्द्रमा॑ मे॒ मन॑सि श्रि॒तः । म॒नो हृद॑ये । हृद॑यं॒ मयि॑ । अ॒हम् अ॒मृते᳚ । अ॒मृतं॑ ब्रह्म॑णि । दिशो॑ मे॒ श्रोत्रे᳚ श्रि॒ताः । श्रोत्र॒ꣳ हृद॑ये । हृद॑यं॒ मयि॑ । अ॒हम् अ॒मृते᳚ । अ॒मृतं॑ ब्रह्म॑णि । आपो॑ मे॒ रेत॑सि श्रि॒ताः । रेतो॒ हृद॑ये । हृद॑यं॒ मयि॑ । अ॒हम् अ॒मृते᳚ । अ॒मृतं॑ ब्रह्म॑णि । पृ॒थि॒वी मे॒ शरी॑रे श्रि॒ता । शरी॑र॒ꣳ हृद॑ये । हृद॑यं॒ मयि॑ । अ॒हम् अ॒मृते᳚ । अ॒मृतं॑ ब्रह्म॑णि । ओष॑धिवनस्प॒तयो॑ मे॒ लोम॑सु श्रि॒ताः । लोमा॑नि हृद॑ये । हृद॑यं॒ मयि॑ । अ॒हम् अ॒मृते᳚ । अ॒मृतं॑ ब्रह्म॑णि । इन्द्रो॑ मे॒ बले᳚ श्रि॒तः । बल॒ꣳ हृद॑ये । हृद॑यं॒ मयि॑ । अ॒हम् अ॒मृते᳚ । अ॒मृतं॑ ब्रह्म॑णि । प॒र्ज॒न्यो मे॒ मूर्ध्नि॑ श्रि॒तः । मू॒र्धा हृद॑ये । हृद॑यं॒ मयि॑ । अ॒हम् अ॒मृते᳚ । अ॒मृतं॑ ब्रह्म॑णि । ई॒शा॒नो मे॒ मन्यौ॑ श्रि॒तः । म॒न्यु॒र्हृद॑ये । हृद॑यं॒ मयि॑ । अ॒हम् अ॒मृते᳚ । अ॒मृतं॑ ब्रह्म॑णि । आ॒त्मा म॑ आ॒त्मनि॑

श्रितः । आत्मा हृदये । हृदयं मयि । अहम् अमृते । अमृतं ब्रह्मणि । पुनर्म आत्मा पुनर् आयुरागात् । पुनः प्राणः पुनराकूतम् आगात् । वैश्वानरो रश्मिभिर् वावृधानः । अन्तस् तिष्ठत्वमृतस्य गोपाः ॥

अस्य श्रीरुद्रस्य प्रश्नस्य अनुष्टुप् छन्दः , अघोर ऋषिः , अमृतानुष्टुप् छन्दः , श्रीसङ्कर्षणमूर्ति-स्वरूपो योऽसावादित्यः । स एष परमपुरुषस् स मृत्युञ्जय त्र्यम्बको रुद्रो देवता । अग्निः क्रतुचरुमायामिष्टिकायां सकलस्य रुद्राध्यायस्य श्रीरुद्रो देवता । एका गायत्री छन्दः । तिस्रोऽनुष्टुभः तिस्रः पङ्क्त्यः , सप्ताऽनुष्टुभौ द्वे जगत्यौ , परमेष्ठी ऋषिः जगती छन्दः । [नमः शिवायेति बीजम् । शिवतरायेति शक्तिः । महादेवायेति कीलकम् ।] अस्माकं सर्वेषां समस्तपापक्षयार्थे न्यासे विनियोगः ॥

अथ कर-न्यासः

ॐ अग्निहोत्रात्मने अङ्गुष्ठाभ्यां नमः ।

ॐ दर्शपूर्णमासात्मने तर्जनीभ्यां नमः ।
ॐ चातुर्मास्यात्मने मध्यमाभ्यां नमः ।
ॐ निरूढपशुबन्धात्मने अनामिकाभ्यां नमः ।
ॐ ज्योतिष्ठोमात्मने कनिष्ठिकाभ्यां नमः ।
ॐ सर्वक्रत्वात्मने कर-तल-कर-पृष्ठाभ्यां नमः ॥

अथ हृदयादि अङ्ग-न्यासः ॐ अग्निहोत्रात्मने हृदयाय नमः । ॐ दर्शपूर्णमासात्मने शिरसे स्वाहा । ॐ चातुर्मास्यात्मने शिखायै वषट् । ॐ निरूढ-पशुबन्धात्मने कवचाय हुम् । ॐ ज्योतिष्ठोम् आत्मने नेत्रत्रयाय वौषट् । ॐ सर्वक्रत्वात्मने अस्त्राय फट् ॥
भूर्भुवस्सुवरोम् इति दिग्बन्धः ॥

Dhyanam ध्यानम्

आपाताळ-नभस् स्थलान्त-भुवन-ब्रह्माण्डम्
आविस्फुरत् ज्योतिस् स्फाटिक-लिङ्ग-मौळि-
विलसत्पूर्णेन्दु-वान्तामृतैः । अस्तोकाप्लुतम् एकम् ईशम्
अनिशं रुद्रानुवाकाञ्जपन् ध्याये-दीप्सित-सिद्धये ध्रुवपदं

विप्रोऽभिषिञ्चे-च्छिवम् ॥ ब्रह्माण्ड-व्याप्तदेहा भसित-
हिमरुचा भासमाना भुजङ्गैः कण्ठे कालाः कपर्दाकलित-
शशिकलाश् चण्डकोदण्डहस्ताः । त्र्यक्षा रुद्राक्षभूषाः
प्रणतभयहराश् शाम्भवा मूर्तिभेदाः रुद्राः श्रीरुद्रसूक्त-
प्रकटितविभवा नः प्रयच्छन्तु सौख्यम् ॥

Shiva Sankalpa Sukta

कैलास् शिखरे रम्ये शङ्करस्य शिवालये । देवताँस् तत्र
मोदन्ति तन्मे मनश् शिवसङ्कल्पमस्तु ॥ शुद्धस्फटिक-
सन्काशं शुद्धविद्या प्रदायकम् । शुद्धं पूर्णं चिदानन्दं
सदाशिवमहं भजे ॥

Shantipatha for Rudram चमकप्रश्नः
3rd Anuvaka

ॐ शं च मे मयश्च मे प्रियं च मेऽनुकामश्च मे कामश्च मे
सौमनसश्च मे भद्रं च मे श्रेयश्च मे वस्यश्च मे यशश्च मे
भगश्च मे द्रविणं च मे यन्ता च मे धर्ता च मे क्षेमश्च मे
धृतिश्च मे विश्वं च मे महश्च मे संविच्च मे ज्ञात्रं च मे सूश्च

मे प्रसूश्च मे सीरं च मे लयश्च म ऋतं च मेऽमृतं च मेऽयक्ष्मं च मेऽनामयच्च मे जीवातुश्च मे दीर्घायुत्वं च मेऽनमित्रं च मेऽभयं च मे सुगं च मे शयनं च मे सूषा च मे सुदिनं च मे ॥

ॐ इडा देवहूर् मनुर्यज्ञनीर् बृहस्पतिरुक्थामदानि शꣳसिषद् विश्वे देवास् सूक्तवाचꣳ पृथिविमातर्मा मा हिꣳसीर् मधु मनिष्ये मधु जनिष्ये मधु वक्ष्यामि मधु वदिष्यामि मधुमतीं देवेभ्यो वाचमुद्यासꣳ शुश्रूषेण्यां मनुष्येभ्यस्तं मा देवा अवन्तु शोभायै पितरोऽनुमदन्तु॥
ॐ शान्तिः शान्तिः शान्तिः ॥

Namakam श्री रुद्रप्रश्नः ॥ नमकम्

ॐ नमो भगवते रुद्राय ॥

ॐ नमस्ते रुद्र मन्यव उतोत इषवे नमः । नमस्ते अस्तु धन्वने बाहुभ्यामुत ते नमः । या त इषुश् शिवतमा शिवं बभूव ते धनुः । शिवा शरव्या या तव तया नो रुद्र मृडय । या ते रुद्र शिवा तनूरघोराऽपापकाशिनी । तया नस्तनुवा शन्तमया गिरिशन्ताभिचाकशीहि। यामिषुं गिरिशन्त हस्ते बिभर्ष्यस्तवे । शिवां गिरित्र तां कुरु मा हिꣳसीः पुरुषं जगत् । शिवेन वचसा त्वा गिरिशाच्छावदामसि । यथा नस् सर्वमिज्जगदयक्ष्मꣳ सुमना असत् । अध्यवोचदधिवक्ता प्रथमो दैव्यो भिषक् । अहीꣳश्च सर्वाञ्जम्भयन्त्सर्वाश्च यातुधान्यः । असौ यस्ताम्रो अरुण उत बभ्रुस् सुमङ्गलः । ये चेमाꣳ रुद्रा अभितो दिक्षु श्रितास् सहस्रशोऽवैषाꣳ हेड ईमहे । असौ योऽवसर्पति नीलग्रीवो विलोहितः । उतैनं गोपा अदृशन्नदृशन्नुदहार्यः । उतैनं विश्वा भूतानि स दृष्टो मृडयाति नः । नमो अस्तु नीलग्रीवाय सहस्राक्षाय

मीढुषे । अथो ये अस्य सत्त्वानोऽहं तेभ्योऽकरन् नमः । प्रमुञ्च धन्वनस्त्वम् उभयोरार्त्नि योर्ज्याम् । याश्च ते हस्त इषवः परा ता भगवो वप । अवतत्य धनुस्त्वꣳ सहस्राक्ष शतेषुधे । निशीर्य शल्यानां मुखा शिवो नस् सुमना भव । विज्यं धनुः कपर्दिनो विशल्यो बाणवाꣳ उत । अनेशन्नस्येषव आभुरस्य निषङ्गथिः । या ते हेतिर्मीढुष्टम हस्ते बभूव ते धनुः । तयाऽस्मान् विश्वतस्त्वमयक्ष्मया परिब्भुज । नमस्ते अस्त्वायु-धाया-नातताय धृष्णवे । उभाभ्यामुत ते नमो बाहुभ्यां तव धन्वने । परि ते धन्वनो हेतिर् अस्मान्वृणक्तु विश्वतः । अथो य इषुधिस्तवारे अस्मन्निधेहि तम् ॥ (श्रीशम्भवे नमः) ॥ नमस्ते अस्तु भगवन् विश्वेश्वराय महादेवाय त्र्यम्बकाय त्रिपुरान्तकाय त्रिकाग्निकालाय कालाग्निरुद्राय नीलकण्ठाय मृत्युञ्जयाय सर्वेश्वराय सदाशिवाय श्रीमन् महादेवाय नमः ॥ १ ॥

नमो हिरण्यबाहवे सेनान्ये दिशाञ्च पतये नमो नमो वृक्षेभ्यो हरिकेशेभ्यः पशूनां पतये नमो नमस् सस्पिञ्जराय त्विषीमते पथीनां पतये नमो नमो

बम्लुशाय॒ विव्या॑धिनेऽन्ना॑नां॒ पत॑ये॒ नमो॒ नमो॑
हरिके॒शायो॑पवीति॒ने पुष्टा॑नां॒ पत॑ये॒ नमो॒ नमो॑ भव॒स्य हे॒त्यै
जग॑तां॒ पत॑ये॒ नमो॒ नमो॑ रु॒द्राया॑तता॒विने क्षेत्रा॑णां॒ पत॑ये
नमो॒ नम॑स् सू॒ताया॒हन्त्या॒य वना॑नां॒ पत॑ये॒ नमो॒ नमो॑
रोहि॑ताय स्थ॒पत॑ये वृ॒क्षाणां॒ पत॑ये॒ नमो॒ नमो॑ म॒न्त्रिणे॑
वा॒णि॒जाय॒ कक्षा॑णां॒ पत॑ये॒ नमो॒ नमो॑ भुव॒न्तये॑
वारि॑वस्कृताया॒ैषधी॑नां॒ पत॑ये॒ नमो॒ नम॑ उ॒च्चैर्
घो॒षाया॒क्रन्द॑यते पत्ती॑नां॒ पत॑ये॒ नमो॒ नमः॑ कृ॒त्स्नवी॒ताय॒
धाव॑ते॒ सत्त्व॑नां॒ पत॑ये॒ नमः॑ ॥ २ ॥

नम॑स् सह॒माना॑य नि॒व्या॑धिन॒ आव्या॑धिनी॒नां॒ पत॑ये॒ नमो॒
नमः॑ ककु॒भाय॑ निष॒ङ्गिणे॒ स्तेना॑नां॒ पत॑ये॒ नमो॒ नमो॑
निष॒ङ्गिण॑ इषु॒धिम॑ते॒ तस्क॑राणां॒ पत॑ये॒ नमो॒ नमो॑ व॒ञ्चते॒
परि॑वञ्चते स्ताय॒ूनां॒ पत॑ये॒ नमो॒ नमो॑ निचे॒रवे॑
परि॑चराया॒रण्या॑नां॒ पत॑ये॒ नमो॒ नम॑स् सृ॒काविभ्यो॒
जिघाः॑सद्भ्यो मुष्ण॒तां॒ पत॑ये॒ नमो॒ नमो॑ऽसि॒मद्भ्यो॒
नक्तं॒चर॑द्भ्यः॒ प्रकृ॒न्तानां॒ पत॑ये॒ नमो॒ नम॑ उ॒ष्णीषिणे॑
गिरि॑चराय कुलुञ्चा॒नां॒ पत॑ये॒ नमो॒ नम॑ इषु॒मद्भ्यो॒
धन्वा॑विभ्यश्च वो॒ नमो॒ नम॑ आ॒तन्वा॑नेभ्यः॒

प्रति॒दधा॑नेभ्यश्च वो॒ नमो॒ नम॑ आ॒यच्छ॑द्भ्यो विसृ॒जद्भ्य॑श्च वो॒
नमो॒ नमोऽस्य॑द्भ्यो॒ विध्य॑द्भ्यश्च वो॒ नमो॒ नम॒ आसी॑नेभ्यश्॒
शया॑नेभ्यश्च वो॒ नमो॒ नम॑स् स्व॒पद्भ्यो॒ जाग्र॑द्भ्यश्च वो॒ नमो॒
नम॒स् तिष्ठ॑द्भ्यो॒ धाव॑द्भ्यश्च वो॒ नमो॒ नम॑स् स॒भाभ्य॑स्
स॒भाप॑तिभ्यश्च वो॒ नमो॒ नमो॒ अश्वे॒भ्यो अश्व॑पतिभ्यश्च वो॒
नम॑ः ॥ ३ ॥

नम॑ आव्या॒धिनी᳚भ्यो वि॒विध्य॑न्तीभ्यश्च वो॒ नमो॒ नम॒
उग॑णाभ्यस्तृꣳह॒तीभ्य॑श्च वो॒ नमो॒ नमो॑ गृ॒त्सेभ्यो॑
गृ॒त्सप॑तिभ्यश्च वो॒ नमो॒ नमो॒ व्राते᳚भ्यो॒ व्रात॑पतिभ्यश्च वो॒
नमो॒ नमो॑ ग॒णेभ्यो॑ ग॒णप॑तिभ्यश्च वो॒ नमो॒ नमो॒
विरू॑पेभ्यो वि॒श्वरू॑पेभ्यश्च वो॒ नमो॒ नमो॑ म॒हद्भ्यः॑
क्षु॒ल्ल॒केभ्य॑श्च वो॒ नमो॒ नमो॑ र॒थिभ्यो॑ऽर॒थेभ्य॑श्च वो॒ नमो॒
नमो॒ रथे᳚भ्यो॒ रथ॑पतिभ्यश्च वो॒ नमो॒ नम॒स् सेना᳚भ्यस्
से॒ना॒निभ्य॑श्च वो॒ नमो॒ नम॑ः क्ष॒त्तृभ्य॑स् संग्रही॒तृभ्य॑श्च वो॒
नमो॒ नम॒स् तक्ष॑भ्यो रथका॒रेभ्य॑श्च वो॒ नमो॒ नम॒ᳵ
कुला॑लेभ्यᳵ क॒र्मारे᳚भ्यश्च वो॒ नमो॒ नम॑ᳵ पु॒ञ्जिष्टे᳚भ्यो
नि॒षादे᳚भ्य॑श्च वो॒ नमो॒ नम॑ इषु॒कृद्भ्यो॑ धन्व॒कृद्भ्य॑श्च वो॒ नमो॒

नमो मृगयुभ्यश् श्वनिभ्यश्च वो नमो नमश् श्वभ्यश् श्वपतिभ्यश्च वो नमः ॥ ४ ॥

नमो भवाय च रुद्राय च नमश् शर्वाय च पशुपतये च नमो नीलग्रीवाय च शितिकण्ठाय च नमः कपर्दिने च व्युप्तकेशाय च नमस् सहस्राक्षाय च शतधन्वने च नमो गिरिशाय च शिपिविष्टाय च नमो मीढुष्टमाय चेषुमते च नमो ह्रस्वाय च वामनाय च नमो बृहते च वर्षीयसे च नमो वृद्धाय च संवृध्वने च नमो अग्रियाय च प्रथमाय च नम आशवे चाजिराय च नमश् शीघ्रियाय च शीभ्याय च नम ऊर्म्याय चावस्वन्याय च नमस् स्रोतस्याय च द्वीप्याय च ॥ ५ ॥

नमो ज्येष्ठाय च कनिष्ठाय च नमः पूर्वजाय चापरजाय च नमो मध्यमाय चापगल्भाय च नमो जघन्याय च बुध्नियाय च नमस् सोभ्याय च प्रतिसर्याय च नमो याम्याय च क्षेम्याय च नम उर्वर्याय च खल्याय च नमश् श्लोक्याय चाऽवसान्याय च नमो वन्याय च कक्ष्याय च नमश् श्रवाय च प्रतिश्रवाय च नम

37

आशुषेणाय चाशुरथाय च नमश् शूराय चावभिन्दते च नमो वर्मिणे च वरूथिने च नमो बिल्मिने च कवचिने च नमश् श्रुताय च श्रुतसेनाय च ॥ ६ ॥

नमो दुन्दुभ्याय चाहनन्याय च नमो धृष्णवे च प्रमृशाय च नमो दूताय च प्रहिताय च नमो निषङ्गिणे चेषुधिमते च नमस्तीक्ष्णेषवे चायुधिने च नमस् स्वायुधाय च सुधन्वने च नमस् स्रुत्याय च पथ्याय च नमः काट्याय च नीप्याय च नमस् सूद्याय च सरस्याय च नमो नाद्याय च वैशन्ताय च नमः कूप्याय चावट्याय च नमो वर्ष्याय चावर्ष्याय च नमो मेघ्याय च विद्युत्याय च नम ईध्रियाय चातप्याय च नमो वात्याय च रेष्मियाय च नमो वास्तव्याय च वास्तुपाय च ॥ ७ ॥

8th Anuvaka (ring the bell)
नमस् सोमाय च रुद्राय च नमस् ताम्राय चारुणाय च नमश् शङ्गाय च पशुपतये च नम उग्राय च भीमाय च नमो अग्रेवधाय च दूरेवधाय च नमो हन्त्रे च हनीयसे च नमो वृक्षेभ्यो हरिकेशेभ्यो नमस् ताराय नमश् शम्भवे च

मयोभवे च नमश् शङ्कराय च मयस्कराय च
नमः शिवाय च शिवतराय च नमस्तीर्थ्याय च
कूल्याय च नमः पार्याय चावार्याय च नमः प्रतरणाय
चोत्तरणाय च नम आतार्याय चालाद्याय च नमश्
शष्प्याय च फेन्याय च नमस् सिकत्याय च प्रवाह्याय च
॥ ८ ॥

नम इरिण्याय च प्रपथ्याय च नमः किंशिलाय च
क्षयणाय च नमः कपर्दिने च पुलस्तये च नमो गोष्ठ्याय
च गृह्याय च नमस्तल्प्याय च गेह्याय च नमः काट्याय
च गह्वरेष्ठाय च नमो हृदय्याय च निवेष्प्याय च नमः
पांसव्याय च रजस्याय च नमश् शुष्क्याय च हरित्याय
च नमो लोप्याय चोलप्याय च नम ऊर्व्याय च सूर्म्याय
च नमः पर्ण्याय च पर्णशद्याय च नमोऽपगुरमाणाय
चाभिघ्नते च नम आख्खिदते च प्रख्खिदते च नमो वः
किरिकेभ्यो देवानां हृदयेभ्यो नमो विक्षीणकेभ्यो नमो
विचिन्वत्केभ्यो नम आनिर्हतेभ्यो नम आमीवत्केभ्यः ॥
९ ॥

द्रापे अन्धसस्पते दरिद्रन् नीललोहित । एषां पुरुषाणाम् एषां पशूनां मा भेर्माऽरो मो एषां किञ्चनाममत् । या ते रुद्र शिवा तनूश् शिवा विश्वाहभेषजी । शिवा रुद्रस्य भेषजी तया नो मृड जीवसे ॥ इमाꣳ रुद्राय तवसे कपर्दिने क्षयद्वीराय प्रभरामहे मतिम् । यथा नश् शमसद्-द्विपदे चतुष्पदे विश्वं पुष्टं ग्रामे अस्मिन्ननातुरम् ॥ मृडा नो रुद्रोत नो मयस्कृधि क्षयद्वीराय नमसा विधेम ते । यच्छं च योश्च मनुरायजे पिता तद् अश्याम तव रुद्र प्रणीतौ ॥ मा नो महान्तमुत मा नो अर्भकं मा न उक्षन्तमुत मा न उक्षितम् । मा नोऽवधीः पितरं मोत मातरं प्रिया मा नस्तनुवो रुद्र रीरिषः । मा नस्तोके तनये मा न आयुषि मा नो गोषु मा नो अश्वेषु रीरिषः । वीरान्मा नो रुद्र भामितोऽवधीर् हविष्मन्तो नमसा विधेम ते । आरात्ते गोघ्न उत पूरुषघ्ने क्षयद्वीराय सुम्नमस्मे ते अस्तु । रक्षा च नो अधि च देव ब्रूह्यधा च नश् शर्म यच्छ द्विबर्हाः । स्तुहि श्रुतं गर्तसदं युवानं मृगन्न भीमम् उपहत्नुमुग्रम् । मृडा जरित्रे रुद्र स्तवानो अन्यन्ते अस्मन्निवपन्तु सेनाः । परिणो रुद्रस्य हेतिर्वृणक्तु परि त्वेषस्य दुर्मतिर् अघायोः । अव स्थिरा

मघवद्भ्यस्तनुष्व मीढ्वस्तोकाय तनयाय मृडय ॥
मीढुष्टम शिवतम शिवो नस् सुमना भव । परमे वृक्ष
आयुधन्निधाय कृत्तिं वसान आचर पिनाकं बिभ्रदागहि
॥ विकिरिद विलोहित नमस्ते अस्तु भगवः । यास्ते
सहस्रꣳ हेतयोन्यमस्मन्निवपन्तु ताः । सहस्राणि
सहस्रधा बाहुवोस्तव हेतयः । तासामीशानो भगवꣳ
पराचीना मुखा कृधि ॥१०॥

सहस्राणि सहस्रशो ये रुद्रा अधि भूम्याम् । तेषाꣳ
सहस्रयोजनेऽवधन्वानि तन्मसि । अस्मिन्
महत्यर्णवेऽन्तरिक्षे भवा अधि । नीलग्रीवाश्
शितिकण्ठाश् शर्वा अधः क्षमाचराः । नीलग्रीवाश्
शितिकण्ठा दिवꣳ रुद्रा उपश्रिताः । ये वृक्षेषु सस्पिञ्जरा
नीलग्रीवा विलोहिताः । ये भूतानाम् अधिपतयो
विशिखासꣳ कपर्दिनः । ये अन्नेषु विविध्यन्ति पात्रेषु
पिबतो जनान् । ये पथां पथिरक्षय ऐलबृदा यव्युधः । ये
तीर्थानि प्रचरन्ति सृकावन्तो निषङ्गिणः ॥ य एतावन्तश्च
भूयाꣳसश्च दिशो रुद्रा वितस्थिरे । तेषाꣳ
सहस्रयोजनेऽवधन्वानि तन्मसि ॥ नमो रुद्रेभ्यो ये

पृथिव्यां येऽन्तरिक्षे ये दिवि येषामन्नं वातो
वर्षमिषवस्तेभ्यो दश प्राचीर्दश दक्षिणा दश
प्रतीचीर्दशोदीचीर्दशोर्ध्वास्तेभ्यो नमस्ते नो मृडयन्तु ते
यं द्विष्मो यश्च नो द्वेष्टि तं वो जम्भे दधामि ॥ ११ ॥

Addendum

त्र्यम्बकयँ यजामहे सुगन्धिं पुष्टिवर्धनम् ।
उर्वारुकमिव बन्धनान् मृत्योर् मुक्षीय माऽमृतात् ॥
यो रुद्रो अग्नौ यो अप्सु य ओषधीषु यो रुद्रो विश्वा
भुवना विवेश तस्मै रुद्राय नमो अस्तु ॥ तमुष्टुहि यस्
स्विषुस् सुधन्वा यो विश्वस्य क्षयति भेषजस्य ।
यक्ष्वामहे सौमनसाय रुद्रं नमोभिर् देवम् असुरं दुवस्य
॥ अयं मे हस्तो भगवान् अयं मे भगवत्-तरः । अयं मे
विश्वभेषजोऽयꣳ शिवाभिमर्शनः ॥ ये ते सहस्रं मयुतं
पाशा मृत्यो मर्त्याय हन्तवे । तान् यज्ञस्य मायया सर्वा
नव यजामहे । मृत्यवे स्वाहा मृत्यवे स्वाहा ॥ ॐ नमो
भगवते रुद्राय विष्णवे मृत्युर्मे पाहि । प्राणानां
ग्रन्थिरसि रुद्रो मा विशान्तकः । तेनान्नेनाप्यायस्व ।
सदाशिवोम् ॥

Chamakam चमकप्रश्नः

ॐ अग्नाविष्णू सजोषसेमावर्धन्तु वां गिरः ।
द्युम्नैर्वाजेभिरागतम् । वाजश्च मे प्रसवश्च मे प्रयतिश्च मे
प्रसितिश्च मे धीतिश्च मे क्रतुश्च मे स्वरश्च मे श्लोकश्च मे
श्रावश्च मे श्रुतिश्च मे ज्योतिश्च मे सुवश्च मे प्राणश्च
मेऽपानश्च मे व्यानश्च मेऽसुश्च मे चित्तं च म आधीतं च
मे वाक् च मे मनश्च मे चक्षुश्च मे श्रोत्रं च मे दक्षश्च मे
बलं च म ओजश्च मे सहश्च म आयुश्च मे जरा च म
आत्मा च मे तनूश्च मे शर्म च मे वर्म च मेऽङ्गानि च
मेऽस्थानि च मे परूꣳषि च मे शरीराणि च मे ॥ १ ॥

ज्यैष्ठ्यं च म आधिपत्यं च मे मन्युश्च मे भामश्च मेऽमश्च
मेऽम्भश्च मे जेमा च मे महिमा च मे वरिमा च मे
प्रथिमा च मे वर्ष्मा च मे द्राघुया च मे वृद्धं च मे वृद्धिश्च
मे सत्यं च मे श्रद्धा च मे जगच्च मे धनं च मे वशश्च मे
त्विषिश्च मे क्रीडा च मे मोदश्च मे जातं च मे
जनिष्यमाणं च मे सूक्तं च मे सुकृतं च मे वित्तं च मे
वेद्यं च मे भूतं च मे भविष्यच्च मे सुगं च मे सुपथं च म

ऋद्धं च म ऋद्धिश्च मे क्लृप्तं च मे क्लृप्तिश्च मे मतिश्च मे सुमतिश्च मे ॥ २ ॥

ॐ शं च मे मयश्च मे प्रियं च मेऽनुकामश्च मे कामश्च मे सौमनसश्च मे भद्रं च मे श्रेयश्च मे वस्यश्च मे यशश्च मे भगश्च मे द्रविणं च मे यन्ता च मे धर्ता च मे क्षेमश्च मे धृतिश्च मे विश्वं च मे महश्च मे संविच्च मे ज्ञात्रं च मे सूश्च मे प्रसूश्च मे सीरं च मे लयश्च म ऋतं च मेऽमृतं च मेऽयक्ष्मं च मेऽनामयच्च मे जीवातुश्च मे दीर्घायुत्वं च मेऽनमित्रं च मेऽभयं च मे सुगं च मे शयनं च मे सूषा च मे सुदिनं च मे ॥ ३ ॥

ऊर्क् मे सूनृता च मे पयश्च मे रसश्च मे घृतं च मे मधु च मे सग्धिश्च मे सपीतिश्च मे कृषिश्च मे वृष्टिश्च मे जैत्रं च म औद्भिद्यं च मे रयिश्च मे रायश्च मे पुष्टं च मे पुष्टिश्च मे विभु च मे प्रभु च मे बहु च मे भूयश्च मे पूर्णं च मे पूर्णतरं च मेऽक्षितिश्च मे कूयवाश्च मेऽन्नं च मेऽक्षुच्च मे व्रीहयश्च मे यवाश्च मे माषाश्च मे तिलाश्च मे मुद्गाश्च मे

खल्वाँश्च मे गोधूमाँश्च मे मसुराँश्च मे प्रियङ्गवश्च मेऽणवश्च मे श्यामाकाँश्च मे नीवाराँश्च मे ॥ ४ ॥

अश्मा च मे मृत्तिका च मे गिरयश्च मे पर्वताश्च मे सिकताश्च मे वनस्पतयश्च मे हिरण्यं च मेऽयश्च मे सीसं च मे त्रपुश्च मे श्यामं च मे लोहं च मेऽग्निश्च म आपश्च मे वीरुधश्च म ओषधयश्च मे कृष्टपच्यं च मेऽकृष्टपच्यं च मे ग्राम्याश्च मे पशव आरण्याश्च यज्ञेन कल्पन्तां वित्तं च मे वित्तिश्च मे भूतं च मे भूतिश्च मे वसु च मे वसतिश्च मे कर्म च मे शक्तिश्च मेऽर्थश्च म एमश्च म इतिश्च मे गतिश्च मे ॥ ५ ॥

अग्निश्च म इन्द्रश्च मे सोमश्च म इन्द्रश्च मे सविता च म इन्द्रश्च मे सरस्वती च म इन्द्रश्च मे पूषा च म इन्द्रश्च मे बृहस्पतिश्च म इन्द्रश्च मे मित्रश्च म इन्द्रश्च मे वरुणश्च म इन्द्रश्च मे त्वष्टा च म इन्द्रश्च मे धाता च म इन्द्रश्च मे विष्णुश्च म इन्द्रश्च मेऽश्विनौ च म इन्द्रश्च मे मरुतश्च म इन्द्रश्च मे विश्वे च मे देवा इन्द्रश्च मे पृथिवी च म इन्द्रश्च मेऽन्तरिक्षं च म इन्द्रश्च मे द्यौश्च म इन्द्रश्च मे दिशश्च म

इन्द्रश्च मे मूर्धा च॒ म॒ इन्द्रश्च मे प्रजापतिश्च॒ म॒ इन्द्रश्च मे
॥ ६ ॥

अ॒ꣳशुश्च मे र॒श्मिश्च मे॒ऽदाभ्यश्च मे॒ऽधिपतिश्च म
उपा॒ꣳशुश्च मे॒ऽन्तर्यामश्च म ऐन्द्रवायवश्च मे मैत्रावरुणश्च
म आश्विनश्च मे प्रतिप्र॒स्थान॑श्च मे शु॒क्रश्च मे म॒न्थी च म
आग्रयणश्च मे वैश्वदेवश्च मे ध्रुवश्च मे वैश्वानरश्च म
ऋतुग्रहाश्च मे॒ऽतिग्रा॒ह्या᳚श्च म ऐन्द्राग्नश्च मे वैश्वदेवश्च मे
मरुत्वतीया᳚श्च मे माहे॒न्द्रश्च म आदि॒त्यश्च मे सावि॒त्रश्च मे
सारस्वतश्च मे पौष्णश्च मे पात्नीव॒तश्च मे हारियोजनश्च मे
॥ ७ ॥

इध्मश्च मे॒ ब॒र्हिश्च मे॒ वेदिश्च मे॒ धिष्णि॒याश्च मे॒ स्रुच॑श्च मे
चमसाश्च मे॒ ग्रावाणश्च मे॒ स्वरवश्च म उपर॒वाश्च
मे॒ऽधिषवणे च मे द्रोणकल॒शश्च मे वाय॒व्यानि च मे
पूतभृच्च म आधवनीयश्च म आ॒ग्नीध्रं च मे ह॒विर्धानं॑ च मे
गृ॒हाश्च मे॒ सदश्च मे पुरो॒डाशा᳚श्च मे पच॒ताश्च मे॒ऽवभृथश्च
मे स्वगाका॒रश्च मे ॥ ८ ॥

अ॒ग्निश्च॑ मे घ॒र्मश्च॑ मे॒ऽर्कश्च॑ मे॒ सूर्य॑श्च मे प्रा॒णश्च॑ मे॒ऽश्वमे॒धश्च॑ मे पृथि॒वी च॑ मे॒ऽदि॑तिश्च मे॒ दिति॑श्च मे॒ द्यौश्च॑ मे॒ शक्व॑रीर॒ङ्गुल॑यो॒ दिश॑श्च मे य॒ज्ञेन॑ कल्पन्ताम् ऋक् च॑ मे॒ साम॑ च मे॒ स्तोम॑श्च मे॒ यजु॑श्च मे दी॒क्षा च॑ मे॒ तप॑श्च म ऋ॒तुश्च॑ मे व्र॒तं च॑ मे॒ऽहोरा॒त्रयो॒र्वृष्ट्या बृ॒हद्र॑थन्त॒रे च॑ मे य॒ज्ञेन॑ कल्पेताम् ॥ ९ ॥

ग॒र्भाश्च॑ मे व॒त्साश्च॑ मे॒ त्र्यविश्च मे॒ त्र्यवी च॑ मे दित्य॒वाट् च॑ मे दित्यौ॒ही च॑ मे॒ पञ्चा॑विश्च मे पञ्चा॒वी च॑ मे त्रिव॒त्सश्च॑ मे त्रिव॒त्सा च॑ मे तुर्य॒वाट् च॑ मे तुर्यौ॒ही च॑ मे पष्ठ॒वाट् च॑ मे पष्ठौ॒ही च॑ म उ॒क्षा च॑ मे व॒शा च॑ म ऋ॒षभ॑श्च मे वे॒हच्च॑ मे॒ऽन॒ड्वाञ्च॑ मे धे॒नुश्च॑ म आयु॒र्यज्ञेन कल्पतां प्रा॒णो य॒ज्ञेन॑ कल्पतां अ॒पा॒नो य॒ज्ञेन॑ कल्पतां व्या॒नो य॒ज्ञेन॑ कल्पतां चक्षु॒र्यज्ञेन कल्पता॒ᳵ श्रोत्रं॑ य॒ज्ञेन॑ कल्पतां॒ मनो॑ य॒ज्ञेन॑ कल्पतां॒ वाग् य॒ज्ञेन॑ कल्पताम् आ॒त्मा य॒ज्ञेन॑ कल्पतां य॒ज्ञो य॒ज्ञेन॑ कल्पताम् ॥ १० ॥

एका॑ च मे ति॒स्रश्च॑ मे॒ पञ्च॑ च मे स॒प्त च॑ मे॒ नव॑ च म एका॒दश॑ च मे त्रयो॒दश॑ च मे पञ्च॒दश॑ च मे सप्त॒दश॑ च मे

नवंदश च म एकंविꣳशतिश्च मे त्रयोंविꣳशतिश्च मे
पञ्चंविꣳशतिश्च मे सप्तविꣳशतिश्च मे नवंविꣳशतिश्च म
एकंत्रिꣳशच्च मे त्रयंस्त्रिꣳशच्च मे

चतंस्रश्च मेऽष्टौ चं मे द्वादंश च मे षोडंश च मे
विꣳशतिश्चं मे चतुंर्विꣳशतिश्च मेऽष्टाविꣳशतिश्च मे
द्वात्रिꣳशच्च मे षट्त्रिꣳशच्च मे चत्वारिꣳशच्चं मे
चतुंश्चत्वारिꣳशच्च मेऽष्टाचंत्वारिꣳशच्च मे

वाजंश्च प्रसवश्चांपिजश्च क्रतुश्च सुवंश्च मूर्धा च
व्यश्नियश्चाऽन्त्यायनश्चान्त्यंश्च भौवनश्च
भुवंनश्चाधिंपतिश्च ॥ ११ ॥

Shantipatha ending

ॐ इडां देवहूर् मनुंर्यज्ञनीर् बृहस्पतिंरुक्थामदानिं
शꣳसिषद् विश्वें देवास् सूंक्तवाचः पृथिंविमातर्मा मां
हिꣳसीर् मधुं मनिष्ये मधुं जनिष्ये मधुं वक्ष्यामि मधुं
वदिष्यामि मधुंमतीं देवेभ्यो वाचंमुद्यासꣳ शुश्रूषेण्यां
मनुष्येंभ्यस्तं मां देवा अंवन्तु शोभायैं पितरोऽनुंमदन्तु
॥ ॐ शान्तिः शान्तिः शान्तिः ॥

Nyase Viniyogah (at close)

ॐ अग्निहोत्रात्मने हृदयाय नमः । ॐ दर्शपूर्णमासात्मने शिरसे स्वाहा । ॐ चातुर्मास्यात्मने शिखायै वषट् । ॐ निरूढ-पशुबन्धात्मने कवचाय हुम् । ॐ ज्योतिष्ठोमात्मने नेत्रत्रयाय वौषट् । ॐ सर्वक्रत्वात्मने अस्त्राय फट् ॥ भूर्भुवस्सुवरोम् इति दिग्विमोकः ॥ शुद्धस्फटिक-सङ्काशं शुद्धविद्या प्रदायकम् । शुद्धं पूर्णं चिदानन्दं सदाशिवमहं भजे ॥

Durga Suktam दुर्गा सूक्तम्

ॐ जातवेदसे सुनवाम सोमं मरातीयतो निदहाति वेदः । स नः पर्षदति दुर्गाणि विश्वा नावेव सिन्धुं दुरिताऽत्यग्निः ॥ ताम् अग्निवर्णां तपसा ज्वलन्तीं वैरोचनीं कर्मफलेषु जुष्टाम् । दुर्गां देवीं शरणमहं प्रपद्ये सुतरसि तरसे नमः ॥ अग्ने त्वं पारया नव्यो अस्मान् थ्स्वस्तिभिरति दुर्गाणि विश्वा । पूश्च पृथ्वी बहुला न उर्वी भवा तोकाय तनयाय शंय्योः ॥ विश्वानि नो दुर्गहा जातवेदस् सिन्धुन्न नावा दुरिताऽतिपर्षि । अग्ने अत्रिवन् मनसा गृणानोऽस्माकं बोध्यविता तनूनाम् ॥ पृतना

जितः सहमानम् उग्रम् अग्निः हुवेम परमाथ् सधस्थात् । स नः पर्षदति दुर्गाणि विश्वा क्षामद्-देवो अति दुरिताऽत्यग्निः ॥ प्रत्नोषि कमीड्यो अध्वरेषु सनाच् च होता नव्यश्च सत्सि । स्वाञ्चाऽग्ने तनुवं पिप्रयस्वास्मभ्यंञ्च सौभगमायजस्व ॥ गोभिर्जुष्टम् अयुजो निषिक्तं तवेन्द्र विष्णोर् अनुसञ्चरेम । नाकस्य पृष्ठमभि सँवसानो वैष्णवीलँ लोक इह मादयन्ताम् ॥ ॐ कात्यायनाय विद्महे कन्यकुमारि धीमहि । तन्नो दुर्गिः प्रचोदयात् ॥

Shanti Mantra

ॐ तच्छं योरावृणीमहे । गातुं यज्ञाय । गातुं यज्ञपतये । दैवी स्वस्तिरस्तु नः । स्वस्तिर्मानुषेभ्यः । ऊर्ध्वं जिगातु भेषजम् । शं नो अस्तु द्विपदे । शं चतुष्पदे । ॐ शान्तिः शान्तिः शान्तिः ॥

Samana Suktam संवादसूक्तम्

ॐ संसमिद्युवसे वृषन्नग्ने विश्वान्यर्य आ । इळस्पदे समिध्यसे स नो वसून्या भर ॥ १ ॥ सङ्गच्छध्वं सं वदध्वं सं वो मनांसि जानताम् । देवा भागँ यथा पूर्वे

सञ्ज्ञानाना॒ उ॒पा॒स॒ते ॥२ ॥ स॒मा॒नो मन्त्र॒स् समि॑तिस्
समा॒नि स॒मा॒नं मन॑स्॒ सह॑ चि॒त्तम् ए॑षाम् । स॒मा॒नं मन्त्र॒म्
अ॒भि म॑न्त्रये व॒स् स॒मा॒नेन वो ह॒विषा॑ जुहोमि ॥ ३ ॥
स॒मा॒नी व॑ आ॒कू॒तिस्॒ समा॑ना हृ॒दया॑नि वः । स॒मा॒नम्
अस्तु वो॒ मनो॒ यथा॑ व॒स् सु॒सहा॒सति॑ ॥ ४ ॥

Shanti Patha

ॐ नमो॒ ब्रह्म॑णे॒ नमो॑ अस्त्व॒ग्नये॒ नमः॑ पृथिव्यै॒ नम॒
ओष॑धीभ्यः । नमो॑ वा॒चे नमो॑ वा॒चस्पत॑ये॒ नमो॒ विष्ण॑वे
बृ॒ह॒ते क॑रोमि ॥ ॐ शान्तिः॒ शान्तिः॒ शान्तिः॑ ॥

Pardon Shlokas

ॐ आभि॑र् गी॒र्भिर् यद॑तो॒न ऊ॒नमाप्यायय हरिवो
वर्धमानः । यदा॑ स्तो॒तृभ्यो॑ महि॒ गोत्रा॑ रु॒जासि॑
भूयि॒ष्ठभाजो॒ अर्धं॑ ते स्याम । ब्रह्म॑ प्रा॒वादि॑ष्म॒ तन्नो॒ मा
हा॑सीत् ॥ ॐ शान्तिः॒ शान्तिः॒ शान्तिः॑ ॥ ॥ हरि॒ः ॐ
॥ chanting ends here.

॥ महा-अभिषेक-स्नानं समर्पयामि ॥ Replace Shivalinga after cleaning and wiping dry all deities on yoni plate.

Shukla Yajurveda Chapter 20.3 / Krishna Yajurveda Taittiriya Samhita 4.1

ॐ देवस्य त्वा सवितुः प्रसवेऽश्विनोर् बाहुभ्यां पूष्णो हस्ताभ्याम् । सरस्वत्यै वाचो यन्तुर्यन्त्रेणाग्नेस्त्वा साम्राज्येनाभिषिञ्चामि । वर्चस्ये इन्द्रस्येन्द्रिये बृहस्पतेस्त्वा साम्राज्येनाभिषिञ्चामि । अश्विनोर् भैषज्येन तेजसे ब्रह्मवर्चसायाभिषिञ्चामि । सरस्वत्यै भैषज्येन वीर्यायान्नाद्यायाभिषिञ्चामि । इन्द्रस्येन्द्रियेण बलाय श्रियै यशसेऽभि षिञ्चामि ॥ अग्नेस्तेजसा सूर्यस्चा अर्चासेंद्रस्यँ अभिशिन्चामी ॥ बलाय श्रीयै यशसेनध्याय अमृताभिषेको अस्तु । शान्तिः पुष्टिः तुष्टिश्चास्तु ॥ महा अभिषेक स्नानं समर्पयामि ॥ स्नानानंतर आचमनीयं समर्पयामि ॥

<u>प्रतिष्ठा Pratistha</u> Rigveda 10.173.05

ध्रुवं ते राजा वरुणो ध्रुवं देवो बृहस्पतिः । ध्रुवं त इंद्रश्चाग्निश्च राष्ट्रं धारयतां ध्रुवं ॥ सुप्रतिष्ठितमस्तु ।

Alankara & Aarti after Abhisheka

वस्त्रम् Vastram (offer red cloth)

युवं वस्त्राणि पीवसा वसाथे युवोरच्छिद्रा मंतवो ह सर्गाः । अवातिरतमनृतानि विश्व ऋतेन मित्रावरुणा सचेथे ॥ वस्त्रं समर्पयामि ॥ RV 1.152.01

यज्ञोपवीतम् Yagyopavitam (sacred thread)

यज्ञोपवीतं परमं पवित्रं प्रजापतेर्यत्सहजं पुरस्तात्। आयुष्यमग्रं प्रतिमुंच शुभ्रं यज्ञोपवीतं बलमस्तु तेजः । उपवीतं समर्पयामि । RV 2.2.11

बिल्वपत्रं Bilva patram

ॐ नमो बिल्मिने च कवचिने च नमः श्रुताय च श्रुतसेनाय च ॥ बिल्वपत्रं समर्पयामि ॥

गन्धम् Gandham (offer sandal paste)

गन्धद्वारां दुराधर्षां नित्यपुष्टां करीषिणीम् । ईश्वरीं सर्वभूतानां तामिहोपह्वये श्रियम् ॥ दिव्यपरिमल गन्धान् धारयामि । गन्धं समर्पयामि ॥

Haridra Kumkum (Yellow & Red Turmeric)
सर्वमङ्गलमाङ्गल्ये शिवे सर्वार्थ साधिके । शरण्ये त्र्यम्बके गौरी नारायणि नमोऽस्तु ते । हरिद्रा-कुङ्कुम-चूर्णादि सौमङ्गल्य-द्रव्याणि समर्पयामि ।

भस्मोद् धूलनम् Bhasma (offer ash)
ॐ मा नस्तोके तनये मान आयुषि मा नो गोषु मा नो अश्वेषु रीरिषः । वीरान् मानो रुद्र भामितो वधीर् हविष्मन्तो नमसा विधेम ते ॥ भस्मोद् धूलितसर्वाङ्ग भस्म दिव्यं ददामि ते । भस्मोद् धूलनं समर्पयामि ॥

अक्षतान् Akshata (offer unbroken rice grains) ॐ अर्चत प्रार्चत प्रियमेधासो अर्चत । अर्चतु पुत्रका उत पुरं न धृष्ण्वर्चत ॥ गन्धस्योऽपरि अलङ्कारणार्थे अक्षतान् समर्पयामि ॥ RV 8.69.8

दूर्वास्थापनम् (Durva grass)

ॐ काण्डात काण्डात्प्ररोहन्ती परुषः परुषस्परि। एवा नौ दूर्वे प्र तनु सहस्रेण शतेन च ॥ महागणपतये नमः । दूर्वांकुराणि समर्पयामि ।

बिल्वपत्रं Bilva leaves

ॐ नमो बिल्मिने च कवचिने च नमः श्रुताय च श्रुतसेनाय च ॥ त्रिदलं त्रिगुणाकारं त्रिनेत्रं च त्रियायुधं । त्रिजन्म पापसंहारम् एकबिल्वं शिवार्पणं । आदित्यवर्णे तपसोऽधिजातो वनस्पतिस्तव वृक्षोऽथ बिल्वः । तस्य फलानि तपसा नुदन्तु मा याऽन्तरा याश्च बाह्या अलक्ष्मीः ॥ दूर्वापत्राणि समर्पयामि ।

तुलसीपत्रं Tulsi Leaves

प्रसीद तुलसी देवी प्रसीद हरि वल्लभे क्षीरोद मदनोद् भूते तुलसीं त्वं नमाम्यहं । तुलसी-पत्राणि समर्पयामि ।

अलङ्कारः Alankara (adornment)

नानश्चर्यमयं देवं नानाश्चर्यविनिर्गतम् ।

निगमागम् अगोप्तारं गोपतिं श्रीपतिं भजे । अलङ्कारं समर्पयामि ॥

रुद्राक्षमालिका (offer Rudraksh Garland)
श्रीमन्मण्डनमिश्रादि वादकेळिविशारद ।
दुर्वादतूलवातूल भज रुद्राक्षमालिकाम् ॥
रुद्राक्षमालिकां समर्पयामि ।

<u>पुष्पमालिका Flower Garland</u>
माल्यादिनी सुगंधिनी मालत्यादिनी वै प्रभो ।
मयाहृतानि पूजार्थम् पुष्पाणि प्रतिगृह्यताम् ।
पुष्पमालिकां समर्पयामि ॥

॥ अथ द्वादशनाम ॥ पत्र-पूजा (offer Leaves)
ॐ शिवरूपाय नमः । बिल्वपत्रं समर्पयामि ॥
ॐ शक्तिरूपाय नमः । कदम्बपत्रं समर्पयामि ॥
ॐ लक्ष्मीरूपाय नमः । तामरसपत्रं समर्पयामि ॥
ॐ ब्रह्मरूपाय नमः । दाडिमीपत्रं समर्पयामि ॥
ॐ सरस्वतीरूपाय नमः । मल्लिकापत्रं समर्पयामि ॥

ॐ गणपतिरूपाय नमः । दूर्वापत्रं समर्पयामि ॥

ॐ षण्मुखरूपाय नमः । अशोकपत्रं समर्पयामि ॥

ॐ श्रीचक्ररूपाय नमः । दूर्वापत्रं समर्पयामि ॥

ॐ श्रीदक्षिणामूर्तिरूपाय नमः । नानाविध पत्राणि समर्पयामि ॥

सूर्य द्वादशनाम ॐ सहस्रकिरणाय नमः । ॐ सूर्याय नमः । ॐ तपनाय नमः । ॐ सवित्रे नमः । ॐ रवये नमः । ॐ विकर्तनाय नमः । ॐ जगच्चक्षुषे नमः । ॐ द्युमनये नमः । ॐ तरणये नमः । ॐ तिगमदीधितये नमः । ॐ द्वादशात्मने नमः । ॐ त्रयीमूर्तये नमः ।

गणपति द्वादशनाम ॐ एकदन्ताय नमः । ॐ कपिलाय नमः । ॐ गजकर्णकाय नमः । ॐ लम्बोदराय नमः । ॐ विकटाय नमः । ॐ विघ्नराजाय नमः । ॐ गणाधिपाय नमः । ॐ धूम्रकेतवे नमः । ॐ गणाध्यक्षाय नमः । ॐ भालचन्द्राय नमः । ॐ गजाननाय नमः । ॐ सिद्धिविनायकाय नमः ।

<u>दुर्गा द्वादशनाम</u> ॐ दुर्गायै नमः । ॐ शान्त्यै नमः । ॐ शाम्भव्यै नमः । ॐ भूतिदायिन्यै नमः । ॐ शङ्करप्रियायै नमः । ॐ नारायण्यै नमः । ॐ भद्रकाल्यै नमः । ॐ शिवदूत्यै नमः । ॐ महालक्ष्म्यै नमः । ॐ महामायायै नमः । ॐ योगनिद्रायै नमः । ॐ चण्डिकायै नमः ।

<u>शिव द्वादशनाम</u> ॐ महादेवाय नमः । ॐ महेश्वराय नमः । ॐ शङ्कराय नमः । ॐ वृषभध्वजाय नमः । ॐ कृत्तिवाससे नमः । ॐ कामाङ्गनाशनाय नमः । ॐ देवदेवेशाय नमः । ॐ श्रीकण्ठाय नमः । ॐ हराय नमः । ॐ पार्वतीपतये नमः । ॐ श्रीरुद्राय नमः । ॐ शिवाय नमः ।

<u>विष्णु द्वादशनाम</u> ॐ केशवाय नमः । ॐ नारायणाय नमः । ॐ माधवाय नमः । ॐ गोविन्दाय नमः । ॐ विष्णवे नमः । ॐ मधुसूदनाय नमः । ॐ त्रिविक्रमाय नमः । ॐ वामनाय नमः । ॐ श्रीधराय नमः । ॐ

हृषीकेशाय नमः । ॐ पद्मनाभाय नमः । ॐ
दामोदराय नमः । द्वादशनाम पूजां समर्पयामि ॥

धूपम् Dhoopam – Incense Sticks
वनस्पतिरसोद्भूतो गन्धाढ्यो गन्धमुत्तमः । आघ्रेयः
सर्वदेवानां धूपोऽयं प्रतिगृह्यताम् ॥ धूपम् आघ्रापयामि
॥

दीपम् Deepam – Ghee Lamp
साज्यं त्रिवर्तिं सम्युक्तं वह्निना योजितं प्रियम् । गृहाण
मङ्गलं दीपं त्रैलोक्य तिमिरापह ॥ भक्त्या दीपं
प्रयच्छामि देवाय परमात्मने । त्राहि मां नरकाद्घोरात्
दिव्य ज्योतिर्नमोऽस्तु ते ॥ प्रत्यक्ष-दीपं समर्पयामि ।
धूपदीपाऽनन्तरं आचमनीयं समर्पयामि ॥

फलम् Phalam (offer 5 types of fruits)
कर्ता कर्म च कार्यं च चतुर्थं कर्मणः फलम् । ब्रह्मैव
भासते सर्वं मन्त्रश्वरप्रसादतः ॥ फलं निवेदयामि ॥

नैवेद्यम् Naived – Sacred Prasad

नैवेद्यं पुरतो निधाय । गायत्र्या अन्नं प्रोक्ष्य [mentally do gayatri japa sprinkling a spoon of water on the naived ॐ भूर्भुवस्सुवः तत् सवितुर् वरेण्यं भर्गो देवस्य धीमहि धियो यो नः प्रचोदयात् ॥] सत्यं त्वर्तेन परिषिञ्चामि । अन्नाय नमः । अन्नब्रह्मणे नमः । अमृतस्वरूपिणे नमः । श्री अन्नपूर्णापरमेश्वर्यै नमः । ॐ देवस्य त्वा सवितुः प्रसवेऽश्विनोर्बाहुभ्यां पूष्णो हस्ताभ्याम् । नैवेद्यार्थे अमुक नैवेद्यं निवेदयामि ॥ अमृतमस्तु । कामधेनुं स्मरामि । धेनुमुद्रां प्रदर्श्य । ॐ प्राणाय स्वाहा । ॐ अपाणाय स्वाहा । ॐ व्यानाय स्वाहा । ॐ उदानाय स्वाहा । ॐ समानाय स्वाहा । ॐ ब्रह्मणे नमः । ॐ चन्द्रमा मनसो जातः । चक्षोस् सूर्यो अजायत । मुखादिन्द्रश्चाग्निश्च । प्राणाद् वायुर् अजायत । नैवेद्यं निवेदयामि ॥ मध्ये मध्ये अमृतपानीयं समर्पयामि । अमृतापिधानमसि ॥ आह्वाहित श्रीसूर्य-गणपत्यम्बिका-शिव-विष्णु-देवताभ्यो नमः। तृप्तिरस्तु ॥

हस्तप्रक्षालनं समर्पयामि । मुखप्रक्षालनं समर्पयामि ।
पुनर् आचमनीयं समर्पयामि । भूर्भुवस्सुवः ।

<u>ताम्बूलम्</u> Areca Nut & Betel Leaf
मुखवासनार्थे पूगीफल समायुक्तं नागवल्ली दलैर् युतम्
। कर्पूर-चूर्ण संयुक्तं ताम्बूलं प्रतिगृह्यताम् ॥

<u>दक्षिणा</u> Dakshina
अदृश्यं दृश्यते दृश्यं तद् दृश्यं दृश्यते न हि ।
दृश्यादृश्यविदृश्यत्वाद् रूपं ते मङ्गलं परम् ॥
हिरण्यगर्भाय नमः । सुवर्ण-पुष्पदक्षिणां कल्पयामि ।

Aarti

<u>नीराजनम्</u> Pancamukha Deepam Aarti
ॐ नमस्ते अस्तु भगवन् विश्वेश्वराय महादेवाय
त्र्यम्बकाय त्रिपुरान्तकाय त्रिकाग्निकालाय
कालाग्निरुद्राय नीलकण्ठाय मृत्युञ्जयाय सर्वेश्वराय
सदाशिवाय श्रीमन् महादेवाय नमः ॥ बहुग्वै बह्वश्वायै
बह्वजाविकायै बहुव्रीहियवायै बहुमाषातिलायै

बहुहिरण्यायै बहुहस्तिकायै बहुदासपुरुषायै रयिमत्यै पुष्टिमत्यै बहुरायस्फोषायै राजाऽस्तु ॥ (Taittiriya Brahmana 3-8-5-3) आवाहिताभ्यः सर्वाभ्यो देवताभ्यो नमः । पञ्चमुखदीपं दर्शयामि । आचमनीयं समर्पयामि ॥

Ekamukha Deepam Aarti

कर्पूरगौरं करुणाऽवतारं संसारसारं भुजगेन्द्रहारम् ।
सदा वसन्तं हृदया रविन्दे भवं भवानी सहितं नमामि ॥
हंस हंसाय विद्महे परमहंसाय धीमहि तन्नो हंसः प्रचोदयात् ॥ सद्गुरुचरणारविन्दाभ्यां नमः । मङ्गलनिराजनंदीपं दर्शयामि । आचमनियम समर्पयामि । परिमलपुष्पाणि समर्पयामि । रक्षरक्षान् धारयामि ।

नमः पार्वतीपतये । हर हर महादेव ॥

मन्त्र-पुष्पाञ्जलि

ॐ यो वेदादौ स्वरः प्रोक्तो वेदान्ते च प्रतिष्ठितः। तस्य प्रकृतिलीनस्य यः परः स महेश्वरः॥ तत्पुरुषाय विद्महे महादेवाय धीमहि । तन्नो रुद्रः प्रचोदयात् ।

सशक्तिकाः साङ्गाः सपरिवाराः सायुधाः सर्वालङ्काराः सुभूषितः श्रीसूर्य-गणपत्यम्बिका-शिव-विष्णु-देवताभ्यो नमः। वेदोक्तं पुष्पाञ्जलिं समर्पयामि ।

क्षमा प्रार्थना (Forgiveness for errors in chant)

ॐ यद् अक्षरं पदं भ्रष्टं मात्राहीनं तु यद् भवेत् । तत् सर्वं क्षम्यतां देव प्रसीद परमेश्वर । विसर्गबिन्दुमात्राणि पदपादाक्षराणि च । न्यूनानि चातिरिक्तानि क्षमस्व परमेश्वर । अन्यथा शरणं नास्ति त्वेमव शरणं मम । तस्मात् कारुण्य भावेन रक्ष रक्ष परमेश्वर ॥

अथ पुनः पूजां करिषये

पुष्पम् Pushpam (offer flowers)

यस्मिन् भाति जगत् सर्वं भासा यस्य प्रवर्तते । तस्मै सर्वगुणाभासमूर्तये ब्रह्मणे नमः ॥ पष्पैः पूजयामि ।

ॐ भवाय देवाय नमः । ॐ शर्वाय देवाय नमः ।

ॐ ईशानाय देवाय नमः । ॐ पशुपतये देवाय नमः ।

ॐ रुद्राय देवाय नमः । ॐ उग्राय देवाय नमः ।

ॐ भीमाय देवाय नमः । ॐ महते देवाय नमः ।

ॐ भवस्य देवस्य पत्नयै नमः । ॐ शर्वस्य देवस्य पत्नयै नमः । ॐ ईशानस्य देवस्य पत्नयै नमः । ॐ पशुपतेर् देवस्य पत्नयै नमः । ॐ रुद्रस्य देवस्य पत्नयै नमः । ॐ उग्रस्य देवस्य पत्नयै नमः । ॐ भीमस्य देवस्य पत्नयै नमः । ॐ महतो देवस्य पत्नयै नमः ।

ॐ भवंदेवं तर्पयामि । ॐ शर्वंदेवं तर्पयामि ।
ॐ ईशानंदेवं तर्पयामि । ॐ पशुपतिंदेवं तर्पयामि ।
ॐ रुद्रंदेवं तर्पयामि । ॐ उग्रंदेवं तर्पयामि ।
ॐ भीमंदेवं तर्पयामि । ॐ महान्तंदेवं तर्पयामि ।

अर्घ्यं

ॐ भास्करार्य विद्महे महद्द्युतिकरार्य धीमहि । तन्नो आदियः प्रचोदयात् । श्रीसूर्याय नमः । इदम् अर्घ्यं ॐ । ॐ एकदन्तार्य विद्महे वक्रतुण्डार्य धीमहि । तन्नो दन्तिः प्रचोदयात् । श्रीमन् महागणपतये नमः । इदम् अर्घ्यं ॐ । ॐ कात्यायनार्य विद्महे कन्यकुमारि धीमहि । तन्नो दुर्गिः प्रचोदयात् । श्री दुर्गायै नमः । इदम् अर्घ्यं ॐ । ॐ तत्पुरुषाय विद्महे महादेवार्य धीमहि । तन्नो रुद्रः प्रचोदयात् । श्रीसाम्बसदाशिवाय नमः ।

इदम् अर्घ्यं ॐ । ॐ नारायणाय विद्महे वासुदेवाय धीमहि । तन्नो विष्णुः प्रचोदयात् । श्रीमन् महाविष्णवे नमः । इदम् अर्घ्यं ॐ ।

ऋण रोगादि दारिद्र्य पापक्षुदपमृत्यवः । भय शोक मनस्तापा नश्यन्तु मम सर्वदा ॥ प्रसन्न-अर्घ्यं समर्पयामि ।

नीराजनम् Nirajanam (Lighting camphor)

सोमो वा एतस्य राज्यमादत्ते । यो राजा सन्राज्यो वा सोमेन यजते । देवसुवामेतानि हवीꣳषि भवन्ति । एतावन्तो वै देवानाꣳ सवाः । त एवास्मै सवान् प्रयच्छन्ति । त एनं पुनस् सुवन्ते राज्याय । देवसू राजा भवति ॥ न तत्र सूर्यो भाति न चन्द्रतारकं । नेमा विद्युतो भान्ति कुतोऽयम् अग्निः । तमेव भान्तम् अनुभाति सर्वं तस्य भासा सर्वम् इदं विभाति ॥ नीराजनं सन्दर्शयामि ॥ नीराजनानन्तरम् आचमनीयम् समर्पयामि । दिव्यरक्षान् धारयामि ॥

मन्त्र-पुष्पम् Mantra Pushpam

ॐ यो॑ऽपां पुष्पं॒ वेद॑ । पुष्प॑वान् प्र॒जावा॑न् पशु॒मान् भवति । च॒न्द्रमा॒ वा अ॒पां पुष्प॑म् । पुष्प॑वान् प्र॒जावा॑न् पशु॒मान् भवति । य ए॒वं वेद॑ । यो॑ऽपामा॒यत॑नं॒ वेद॑ । आ॒यत॑नवान् भवति ॥

प्रदक्षिणा-नमस्कारा Pradakshina

स्वभूं पाताल लोकेषु यः पर्यटति नित्यशः । प्रदक्षिणं करोमीह सद्गुरुं पादचारतः ।

नन्दी-पूजा Nandi Puja

ॐ भूर्भुवस् सुवरोम् । अस्मिन् बिम्बे नन्दिकेश्वरं ध्यायामि । आह्वयामि । नन्दीश्वराय नमः । गन्ध-पुष्प-धूप-दीप-सकलाघनैः सु-अर्चितम् । ॐ श्रीनन्दीकेश्वर-स्वामिने नमः । मङ्गल-कर्पूर-नीराजनं सन्दर्शयामि । नीराजनानन्तरम् आचमनीयं समर्पयामि । दिव्यरक्षान् धारयामि ॥ बाण-रावण-चण्डेश-नन्दी-भृङ्गि-रिटादयः । महादेव-प्रसादोऽयं सर्वे गृह्णन्तु

शाम्भवाः ॥ तत् पुरुषाय विद्महे चक्रतुण्डाय धीमहि । तन्नो नन्दीः प्रचोदयात् ॥

मंत्रहीनं क्रियाहीनं भक्तिहीनं सुरेश्वरं । यत्पूजितं मया देव परिपूर्ण तदस्मतु । कायेन वाचा मनसेन्द्रियैर्वा बुध्यात्मना वा प्रकृतेः स्वभावात् । करोमि यद्यत् सकलं परस्मै नारायणायेति समर्पयामि ॥ ॐ करचरण कृतं वा क्कायजं कर्मजं वा । श्रवण-नयनजं वा मानसं वापराधं । विहितम-विहितं वा सर्वमेतत्क्षमस्व । जय जय करुणाब्धे श्रीमहादेव शम्भो ॥ ॐ तत्सत् ब्रह्मार्पणमस्तु ।

प्रायश्चित

ॐ अच्युताय नमः ॐ अनन्ताय नमः ॐ गोविन्दाय नमः । ॐ अच्युतानन्तगोविन्देभ्यो नमः ।

स्वस्ति वाचक श्लोकः Svasti Vachaka Sloka

ॐ स्वस्तिः प्रजाभ्यः परिपालयन्ताम् । न्यायेन मार्गेण महीं महीशाः । गो ब्राह्मणेभ्यः शुभमस्तु नित्यम् ।

लोकाः समस्ताः सुखिनो भवन्तु ॥

आशीर्-वचनम् Aashir Vacanam

सर्वे भवन्तु सुखिनः । सर्वे सन्तु निरामयाः । सर्वे भद्राणि पश्यन्तु । मा कश्चिद् दुःखभाग् भवेत् ॥

श्रद्धां मेधां यशः प्रज्ञां विद्यां बुद्धिं श्रियं बलम् । आयुष्यं तेज आरोग्यं देहि मे परमेश्वर ॥ प्रसीद प्रसीद प्रसादान् देहि सुप्रसादो अस्तु ॥

असतो मा सद् गमय । तमसो मा ज्योतिर् गमय । मृत्योर् मा अमृतं गमय ॥

ॐ पूर्णमदः पूर्णमिदं पूर्णात् पूर्णमुदच्यते ।
पूर्णस्य पूर्णमादाय पूर्णमेवावशिष्यते ॥
ॐ शान्तिः शान्तिः शान्तिः ॥

क्षमा प्रार्थना (Forgiveness for errors in chant)

ॐ यद् अक्षरं पदं भ्रष्टं मात्राहीनं तु यद् भवेत् । तत् सर्वं क्षम्यतां देव प्रसीद परमेश्वर । विसर्गबिन्दुमात्राणि पदपादाक्षराणि च । न्यूनानि चातिरिक्तानि क्षमस्व परमेश्वर । अन्यथा शरणं नास्ति त्वेमव शरणं मम । तस्मात् कारुण्य भावेन रक्ष रक्ष परमेश्वर ॥

ॐ नमः पार्वतीपतये हर हर महादेव ॥ (customary to raise both arms and drop them from namaskar mudra)

॥ इति रुद्र-पूजा समाप्ता ॥ end

Purusha Suktam पुरुषसूक्तम्

ॐ सहस्रशीर्षा पुरुषः । सहस्राक्षस् सहस्रपात् । स
भूमिं विश्वतो वृत्वा । अत्यतिष्ठद् दशाङ्गुलम् । पुरुष
एवेदꣳ सर्वम् । यद्भूतयँ यच्च भव्यम् ।
उतामृतत्वस्येशानः । यद् अन्नेनातिरोहति ।
एतावानस्य महिमा । अतो ज्यायाꣳश्च पूरुषः ॥१॥
पादोऽस्य विश्वा भूतानि । त्रिपादस्यामृतं दिवि ।
त्रिपादूर्ध्व उदैत्पुरुषः । पादोऽस्येहाऽऽभवात्पुनः । ततो
विष्वङ्व्यक्रामत् । साशनानशने अभि । तस्माद्
विराडजायत । विराजो अधि पूरुषः । स जातो
अत्यरिच्यत । पश्चाद् भूमिम् अथो पुरः ॥२॥ यत्
पुरुषेण हविषा । देवा यज्ञम् अतन्वत । वसन्तो
अस्यासीदाज्यम् । ग्रीष्म इध्मश्शरद्धविः ।
सप्तास्यासन्परिधयः । त्रिस् सप्त समिधः कृताः । देवा
यद् यज्ञं तन्वानाः । अबध्नन्पुरुषं पशुम् । तयँ यज्ञं
बर्हिषि प्रौक्षन् । पुरुषं जातमग्रतः ॥३॥ तेन देवा
अयजन्त । साध्या ऋषयश्च ये । तस्माद् यज्ञात्
सर्वहुतः । सम्भृतं पृषदाज्यम् । पशूꣳस्ताꣳश्चक्रे

वायव्यान् । आरण्यान् ग्राम्याश्च ये । तस्माद् यज्ञात्
सर्वहुतः । ऋचस् सामानि जज्ञिरे । छन्दाꣳसि जज्ञिरे
तस्मात् । यजुस् तस्माद् अजायत ॥४॥ तस्माद् अश्वा
अजायन्त । ये के चोभयादतः । गावो ह जज्ञिरे
तस्मात् । तस्माज् जाता अजावयः । यत् पुरुषँ व्यदधुः
। कतिधा व्यकल्पयन् । मुखं किमस्य कौ बाहू ।
कावूरू पादावुच्येते । ब्राह्मणोऽस्य मुखमासीत् । बाहू
राजन्यः कृतः ॥५॥ ऊरू तदस्य यद् वैश्यः ।
पद्भ्याꣳ शूद्रो अजायत । चन्द्रमा मनसो जातः ।
चक्षोस् सूर्यो अजायत । मुखादिन्द्रश्च अग्निश्च । प्राणाद्
वायुर् अजायत । नाभ्या आसीद् अन्तरिक्षम् । शीर्ष्णो
द्यौस् समवर्तत । पद्भ्यां भूमिर् दिशश् श्रोत्रात् । तथा
लोकाꣳ अकल्पयन् ॥६॥ वेदाहमेतं पुरुषं महान्तम् ।
आदित्यवर्णं तमसस्तुपारे । सर्वाणि रूपाणि विचित्य
धीरः । नामानि कृत्वाऽभिवदन् यदास्ते । धाता
पुरस्ताद् यमुदाजहार । शक्रः प्रविद्वान् प्रदिशश्च तस्रः ।
तमेवँ विद्वान् अमृत इह भवति । नान्यः पन्था अयनाय
विद्यते । यज्ञेन यज्ञम् अयजन्त देवाः । तानि धर्माणि

प्रथमान्यासन् । ते ह नाकं महिमानंस् सचन्ते। यत्र पूर्वे साध्यास् सन्ति देवाः ॥७॥

Uttara Narayanam

अद्भ्यस् सम्भूतः पृथिव्यै रसाच्च । विश्वकर्मणस् समवर्तताधि । तस्य त्वष्टा विदधद्रूपमेति । तत् पुरुषस्य विश्वम् आजानम् अग्रे । वेदाहमेतं पुरुषं महान्तम् । आदित्यवर्णं तमसः परस्तात् । तमेवं विद्वान् अमृत इह भवति । नान्यः पन्था विद्यतेऽयनाय । प्रजापतिश्चरति गर्भे अन्तः । अजायमानो बहुधा विजायते ॥८॥ तस्य धीराः परिजानन्ति योनिम् । मरीचीनां पदम् इच्छन्ति वेधसः । यो देवेभ्य आतपति । यो देवानां पुरोहितः । पूर्वो यो देवेभ्यो जातः । नमो रुचाय ब्राह्मये । रुचं ब्राह्मं जनयन्तः । देवा अग्रे तद् अब्रुवन् । यस्त्वैवं ब्राह्मणो विद्यात् । तस्य देवा असन् वशे ॥९॥ ह्रीश्च ते लक्ष्मीश्च पत्न्यौ । अहोरात्रे पार्श्वे । नक्षत्राणि रूपम् । अश्विनौ व्यात्तम् । इष्टं मनिषाण । अमुं मनिषाण । सर्वं मनिषाण ॥१०॥ ॐ शान्तिः शान्तिः शान्तिः ॥

Sri Suktam श्रीसूक्तम्

ॐ हिरण्यवर्णां हरिणीं सुवर्ण-रजत-स्त्रजाम् । चन्द्रां हिरण्मयीं लक्ष्मीं जातवेदो म आवह ॥१॥ तां म आ वह जातवेदो लक्ष्मीमनपगामिनीम् । यस्यां हिरण्यं विन्देयं गामश्वं पुरुषानहम् ॥२॥ अश्वपूर्वां रथमध्यां हस्तिनाद प्रमोदिनीम् । श्रियं देवीमुपह्वये श्रीर्मा देवीर् जुषताम् ॥३॥ कां सोस्मितां हिरण्य प्राकारा माद्रां ज्वलन्तीं तृप्तां तर्पयन्तीम् । पद्मे स्थितां पद्मवर्णां तामिहोप-ह्वये श्रियम् ॥४॥ चन्द्रां प्रभासायं यशसा ज्वलन्तीं श्रियं लोके देवजुष्टामुदाराम् । तां पद्मिनीमीं शरणमहं प्रपद्येऽलक्ष्मीर् मे नश्यतां त्वां वृणे ॥५॥ आदित्यवर्णे तपसोऽधिजातो वनस्पतिस्तव वृक्षोऽथ बिल्वः । तस्य फलानि तपसा नुदन्तु मा याऽन्तरा याश्च बाह्या अलक्ष्मीः ॥६॥ उपैतु मां देवसखः कीर्तिश्च मणिना सह । प्रादुर्भूतोऽस्मि राष्ट्रेऽस्मिन् कीर्तिं मृद्धिं ददातु मे ॥७॥ क्षुत्पिपासामलां ज्येष्ठाम् अलक्ष्मीं नाशयाम्यहम् । अभूतिम् असमृद्धिञ्च सर्वां निर्णुद मे गृहात् ॥८॥ गन्धद्वारां दुराधर्षां नित्यपुष्टां करीषिणीम्

। ईश्वरीँ सर्वभूतानां तामिहोपह्वये श्रियम् ॥९॥ मनसः
काममाकूतिं वाचस् सत्यमशीमहि । पशूनां रूपमन्नस्य
मयि श्रीश् श्रयतायँ यशः ॥१०॥ कर्दमेन प्रजा भूता
मयि सम्भव कर्दम । श्रियँ वासय मे कुले मातरं पद्म-
मालिनीम् ॥११॥ आपस् सृजन्तु स्निग्धानि चिक्लीत
वस मे गृहे । नि च देवीं मातरं श्रियँ वासय मे कुले
॥१२॥ आर्द्रां पुष्करिणीं पुष्टिं सुवर्णां हेम-मालिनीम् ।
सूर्यां हिरण्मयीलँ लक्ष्मीं जातवेदो म आवह ॥१३॥
आर्द्रायँ यः करिणीयँ यष्टिं पिङ्गलां पद्म-मालिनीम् ।
चन्द्रां हिरण्यमयीँल् लक्ष्मीं जातवेदो म आवह ॥१४॥
तां म आवह जातवेदो लक्ष्मी-मनपगामिनीम् । यस्यां
हिरण्यं प्रभूतं गावो दास्योऽश्वान् विन्देयं पुरुषानहम्
॥१५॥ यश् शुचिः प्रयतो भूत्वा जुहुयादाज्यमन्वहम् ।
सूक्तं पञ्चदशर्चञ्च श्रीकामस् सततं जपेत् ॥१६॥
पद्मानने पद्म ऊरु पद्माक्षी पद्मसम्भवे । तन्मे भजसि
पद्माक्षी येन सौख्यँ लभाम्यहम् ॥१७॥ अश्वदायी
गोदायी धनदायी महाधने । धनं मे जुषतां देवीं
सर्वकामांश्च देहि मे ॥१८॥ पद्मानने पद्म विपद्म पत्रे
पद्मप्रिये पद्म दलायताक्षि । विश्वप्रिये विष्णुमनोऽनुकूले

त्वत्पाद पद्मं मयि सन्निं धत्स्व ॥१९॥ पुत्रपौत्र धनं धान्यं हस्त्यश्वादिगवे रथम् । प्रजानां भवसि माता आयुष्मन्तं करोतु माम् ॥२०॥ धनमग्निर्धनँ वायुर्धनं सूर्यो धनँ वसुः । धनमिन्द्रो बृहस्पतिर् वरुणं धनमस्तुते ॥२१॥ वैनतेय सोमं पिब सोमं पिबतु वृत्रहा । सोमं धनस्य सोमिनो मह्यं ददातु सोमिनः ॥२२॥ न क्रोधो न च मात्सर्यन् न लोभो नाशुभा मतिः । भवन्ति कृतपुण्यानां भक्तानां श्रीसूक्तञ्जपेत् ॥२३॥

सरसिजनिलये सरोजहस्ते धवलतरां शुकगन्धमाल्यशोभे । भगवति हरिवल्लभे मनोज्ञे त्रिभुवनभूतिकरि प्रसीद मह्यम् ॥२४॥ विष्णुपत्नीं क्षमां देवीं माधवीं माधवप्रियाम् । लक्ष्मीं प्रियसखीं देवीं नमाम्यच्युतवल्लभाम् ॥२५॥ महालक्ष्म्यै च विद्महे विष्णु-पत्न्यै च धीमहि । तन्नो लक्ष्मीः प्रचोदयात् ॥२६॥ आनन्दः कर्दमश् श्रीद श्चिक्लीत इति विश्रुताः । ऋषयश् श्रियः पुत्राश्च श्रीर्देवीर् देवता मताः ॥२७॥ ऋणरोगादिदारिद्र्य पापक्षुदपमृत्यवः । भयशोक-मनस् तापा नश्यन्तु मम सर्वदा ॥२८॥ श्रीर् वर्चस्वम् आयुष्यम् आरोग्यम् आविधाच्छोभमानं महीयते ।

धान्यं धनं पशुं बहुपुत्रलाभं शतसँवत्सरं दीर्घम् आयुः
॥२९॥ सर्वमङ्गलमाङ्गल्ये शिवे सर्वार्थे साधिके ।
शरण्ये त्र्यम्बके गौरी नारायणि नमोऽस्तु ते । ॐ
महालक्ष्मी चं विद्महे विष्णुपत्नी चं धीमहि ।
तन्नो लक्ष्मीः प्रचोदयात् ॥

Linga Ashtakam लिङ्गाष्टकम्

ब्रह्म मुरारि सुरार्चित लिङ्गम् । निर्मलभासित शोभित लिङ्गम् । जन्मज दुःख विनाशक लिङ्गम् । तत् प्रणमामि सदाशिव लिङ्गम् ॥ १ ॥ देवमुनि प्रवरार्चित लिङ्गम् । कामदहन करुणाकर लिङ्गम् । रावण दर्प विनाशन लिङ्गम् । तत् प्रणमामि सदाशिव लिङ्गम् ॥ २ ॥ सर्व सुगन्ध सुलेपित लिङ्गम् । बुद्धि विवर्धन कारण लिङ्गम् । सिद्ध सुरासर वन्दित लिङ्गम् । तत् प्रणमामि सदाशिव लिङ्गम् ॥ ३ ॥ कनक महामणि भूषित लिङ्गम् । फणिपति वेष्टित शोभित लिङ्गम् । दक्ष सुयज्ञ

विनाशन लिङ्गम् । तत् प्रणमामि सदाशिव लिङ्गम् ॥ ४ ॥ कुङ्कुम चन्दन लेपित लिङ्गम् । पङ्कज हार सुशोभित लिङ्गम् । सञ्चित पाप विनाशन लिङ्गम् । तत् प्रणमामि सदाशिव लिङ्गम् ॥ ५ ॥ देवगणार्चित सेवित लिङ्गम् । भावैर् भक्तिभिरेव च लिङ्गम् । दिनकर कोटि प्रभाकर लिङ्गम् । तत् प्रणमामि सदाशिव लिङ्गम् ॥ ६ ॥ अष्टदलोपरिवेष्टित लिङ्गम् । सर्वसमुद्भव कारण लिङ्गम् । अष्टदरिद्र विनाशन लिङ्गम् । तत् प्रणमामि सदाशिव लिङ्गम् ॥ ७ ॥ सुरगुरु सुरवर पूजित लिङ्गम् । सुरवन पुष्प सदार्चित लिङ्गम् । परात्परं परमात्मक लिङ्गम् । तत् प्रणमामि सदाशिव लिङ्गम् ॥ ८ ॥

लिङ्गाष्टकम् इदं पुण्यं यः पठेः शिव सन्निधौ ।
शिवलोकम् अवाप्नोति शिवेन सह मोदते ॥

Epilogue

Rudra Puja is a simple technique to communicate each and every need, desire, demand and thought to the Divine. It is complete and profound because it nourishes the physical, mental and spiritual aspects of oneself, one's family and friends, and one's surroundings in a meditative and joyful manner.

Rudram chants can be recited daily.
सर्वे भवन्तु सुखिनः । सर्वे सन्तु निरामयाः ।
सर्वे भद्राणि पश्यन्तु । मा कश्चिद् दुःख भाग् भवेत् ॥
ॐ शान्तिः शान्तिः शान्तिः ॥

When faith has blossomed in life, Every step is led by the Divine.

Sri Sri Ravi Shankar

Om Namah Shivaya

जय गुरुदेव

www.ingramcontent.com/pod-product-compliance
Lightning Source LLC
LaVergne TN
LVHW041224080526
838199LV00083B/3303
* 9 7 8 9 3 5 2 6 8 7 3 4 3 *